Abitur *Skript*

Mathematik

Gymnasium · Gesamtschule

Hessen

STARK

Inhalt

Geometrie

Stochastik

Inhalte, die nur für den **Leistungskurs** relevant sind:

S. 6:   Bedeutung der Parameter bei Sinus- und Kosinusfunktion
S. 7/8:   Kapitel 2.5 (Natürliche Logarithmusfunktion)
S. 10/11: Quotientenregel
S. 24:   Partielle Integration
S. 29:   Kapitel 6.3 (Uneigentliches Integral)
S. 36/37: Kapitel 2.3 (Vektorprodukt)
S. 39/40: Möglichkeit 2, die das Vektorprodukt nutzt
S. 53/54: Kapitel 5.3 (Abstand zweier windschiefer Geraden)
S. 54–57: Kapitel 6 (Matrizen und Abbildungen)
S. 73–75: Kapitel 4.4 (Normalverteilte Zufallsgrößen)
S. 78:   Hypothesentest mittels Normalverteilung

Vorwort

Liebe Schülerin, lieber Schüler,

dieses handliche Buch bietet Ihnen einen Leitfaden zu allen wesentlichen Inhalten, die Sie im Mathematik-Abitur benötigen. Es führt Sie systematisch durch den Abiturstoff der Prüfungsgebiete Analysis, Analytische Geometrie, Matrizenrechnung sowie Stochastik und begleitet Sie somit optimal bei Ihrer Abiturvorbereitung. Durch seinen klar strukturierten Aufbau eignet sich dieses Buch besonders zur Auffrischung und Wiederholung des Prüfungsstoffs kurz vor dem Abitur.

- **Definitionen** und **Regeln** sind durch einen grauen Balken am Rand gekennzeichnet, wichtige **Begriffe** sind durch Fettdruck hervorgehoben.

- Zahlreiche **Abbildungen** veranschaulichen den Lerninhalt.

- Passgenaue **Beispiele** verdeutlichen die Theorie. Sie sind durch eine Glühbirne ◯ gekennzeichnet.

- Zu typischen Grundaufgaben wird die **Vorgehensweise** schrittweise beschrieben.

- Das **Stichwortverzeichnis** führt schnell und treffsicher zum jeweiligen Stoffinhalt.

- Im Inhalts- und Stichwortverzeichnis sowie im Buch ist genau gekennzeichnet, welche Inhalte nur für den LK wichtig sind. Alle anderen Themen sind für GK und LK prüfungsrelevant.

Viel Erfolg bei der Abiturprüfung!
STARK Verlag

Die offiziellen Prüfungsaufgaben der letzten Jahre mit vollständigen Lösungen finden Sie in den folgenden roten STARK-Prüfungsbänden:
- Abiturprüfung Hessen, Mathematik LK
- Abiturprüfung Hessen, Mathematik GK

Analysis

1 Eigenschaften von Funktionen

1.1 Nullstellen

Die Schnittstelle einer Funktion mit der x-Achse wird als Nullstelle bezeichnet. Es gilt $f(x_0) = 0$.

Nullstellen ungerader Ordnung
- Eine Funktion f(x) hat an der Stelle x_0 eine Nullstelle ungerader Ordnung, wenn der zugehörige Linearfaktor $(x - x_0)$ in der Linearfaktorzerlegung von f(x) eine ungerade Potenz (1, 3, 5, …) besitzt.
- Der Graph G_f weist bei x_0 einen Vorzeichenwechsel (VZW) auf.

Nullstellen gerader Ordnung
- Eine Funktion f(x) hat an der Stelle x_0 eine Nullstelle gerader Ordnung, wenn der zugehörige Linearfaktor $(x - x_0)$ in der Linearfaktorzerlegung von f(x) eine gerade Potenz (2, 4, 6, …) besitzt.
- Der Graph G_f weist bei x_0 keinen Vorzeichenwechsel (VZW) auf.

$f(x) = 1{,}5x - 1{,}5 = 1{,}5(x - 1)$
einfache Nullstelle bei $x = 1$

$f(x) = (x - 1)^2$
doppelte Nullstelle bei $x = 1$

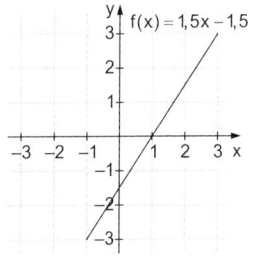

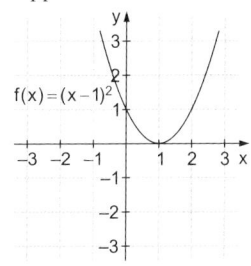

Nullstelle mit VZW;
G_f schneidet die x-Achse.

Nullstelle ohne VZW;
G_f berührt die x-Achse.

$f(x) = x^3$
dreifache Nullstelle bei $x = 0$

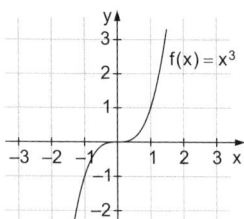

Nullstelle mit VZW;
G_f verläuft durch die x-Achse.

$f(x) = (x + 1)^4$
vierfache Nullstelle bei $x = -1$

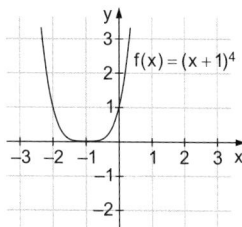

Nullstelle ohne VZW;
G_f berührt die x-Achse.

 Nullstellen mit Vielfachheiten der Funktion $f(x) = \frac{x^5}{10}(x + 3)^2(x - 2)$:
$x = 0$: fünffache Nullstelle (VZW)
$x = -3$: doppelte Nullstelle (kein VZW)
$x = 2$: einfache Nullstelle (VZW)

1.2 Symmetrie (bezüglich des Koordinatensystems)

Der Graph einer reellen Funktion ist
(1) **achsensymmetrisch** (bezüglich der y-Achse), wenn gilt:
    $f(-x) = f(x)$ für alle $x \in \mathbb{D}_f$
(2) **punktsymmetrisch** (bezüglich des Ursprungs), wenn gilt:
    $f(-x) = -f(x)$ für alle $x \in \mathbb{D}_f$

(1)

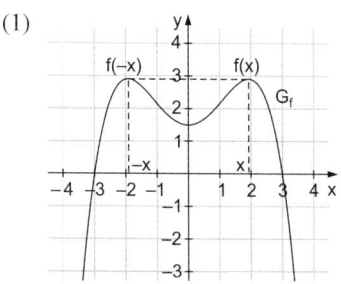

(2)

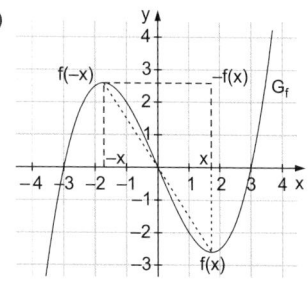

Rechnerisch überprüft man eine Funktion auf Symmetrie, indem man
$(-x)$ statt x in den Funktionsterm einsetzt.

Symmetrieuntersuchung der Funktion $f(x) = -\frac{1}{10}x^2(x^2-9)$:

$f(-x) = -\frac{1}{10}(-x)^2((-x)^2-9) = -\frac{1}{10}x^2(x^2-9) = f(x)$

$\Rightarrow$ G_f ist achsensymmetrisch bezüglich der y-Achse.

1.3 Grenzwert

Allgemein unterscheidet man zwei Arten von Grenzwerten:

- Verhalten im Unendlichen

  $\lim_{x \to \pm\infty} f(x)$

- Verhalten in der Nähe einer Definitionslücke, wenn man sich von links ($x \to x_0^-$) bzw. von rechts ($x \to x_0^+$) nähert

  $\lim_{x \to x_0^-} f(x)$ bzw. $\lim_{x \to x_0^+} f(x);\ x_0 \notin \mathbb{D}_f$

Für das Rechnen mit Grenzwerten gelten die Grenzwertsätze:

$\lim_{x \to p} (f(x) \pm g(x)) = \lim_{x \to p} f(x) \pm \lim_{x \to p} g(x)$

$\lim_{x \to p} (f(x) \cdot g(x)) = \lim_{x \to p} f(x) \cdot \lim_{x \to p} g(x)$

 $\lim_{x \to \infty} \left(5 \cdot \frac{1}{x^2} + 1\right) = \lim_{x \to \infty} 5 \cdot \frac{1}{x^2} + \lim_{x \to \infty} 1 = 5 \cdot \lim_{x \to \infty} \frac{1}{x^2} + 1 = 0 + 1 = 1$

2 Funktionsklassen

2.1 Ganzrationale Funktion

Unter einer ganzrationalen Funktion (oder Polynomfunktion) vom Grad n versteht man eine reelle Funktion der Form:

$f: x \mapsto a_n x^n + a_{n-1} x^{n-1} + \ldots + a_1 x + a_0$

mit $n \in \mathbb{N}$, a_n, a_{n-1}, ..., a_1, $a_0 \in \mathbb{R}$ und $a_n \neq 0$

Definitionsmenge: $\mathbb{D}_f = \mathbb{R}$

Die Werte a_n, a_{n-1}, ..., a_1, a_0 heißen **Koeffizienten**.
Die Nullstellen einer ganzrationalen Funktion können der Linearfaktorzerlegung entnommen werden.

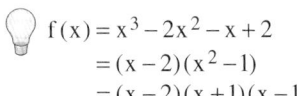

$$f(x) = x^3 - 2x^2 - x + 2$$
$$= (x - 2)(x^2 - 1)$$
$$= (x - 2)(x + 1)(x - 1)$$

$\Rightarrow$ Nullstellen bei $x = 2$,
$x = -1$ und $x = 1$

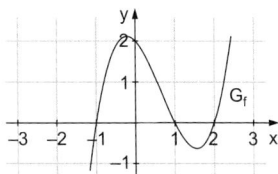

Spezialfälle

Lineare Funktion: $f(x) = mx + t$ Parabel: $f(x) = ax^2 + bx + c$
(Grad 1)   (Grad 2)

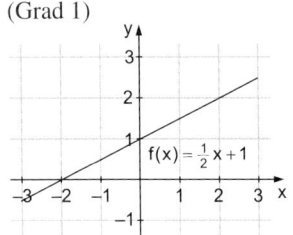

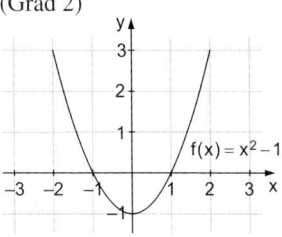

Merkregel: Eine ganzrationale Funktion ist
- achsensymmetrisch, wenn die x-Terme nur in geraden Potenzen im Funktionsterm vorkommen.
- punktsymmetrisch, wenn die x-Terme nur in ungeraden Potenzen im Funktionsterm vorkommen und f(x) kein konstantes Glied enthält.

Das Grenzwertverhalten ist festgelegt durch den Koeffizienten a_n und den Grad der Funktion.

$a_n > 0$:

n gerade: $\lim\limits_{x \to \infty} f(x) = \infty$; $\lim\limits_{x \to -\infty} f(x) = \infty$

n ungerade: $\lim\limits_{x \to \infty} f(x) = \infty$; $\lim\limits_{x \to -\infty} f(x) = -\infty$

$a_n < 0$:

n gerade: $\lim\limits_{x \to \infty} f(x) = -\infty$; $\lim\limits_{x \to -\infty} f(x) = -\infty$

n ungerade: $\lim\limits_{x \to \infty} f(x) = -\infty$; $\lim\limits_{x \to -\infty} f(x) = \infty$

Bestimmen Sie das Grenzwertverhalten der Funktion
$f(x) = -3x^4 - 2x$.

$a_n = -3 < 0$

$n = 4 \Rightarrow$ n gerade

$\lim\limits_{x \to \pm\infty} (-3x^4 - 2x) = -\infty$

2.2 Wurzelfunktion

Unter der n-ten Wurzelfunktion versteht man eine reelle Funktion der Form:

$f: x \mapsto \sqrt[n]{x} = x^{\frac{1}{n}}$ mit $n \in \mathbb{N}$

Definitionsmenge: $\mathbb{D}_f = \mathbb{R}_0^+$

Wertemenge: $\mathbb{W}_f = \mathbb{R}_0^+$

Eigenschaften
1. Der Graph G_f verläuft für jedes n im I. Quadranten und
   durch den Punkt P(1|1).
2. Einzige Nullstelle: $x = 0$
3. Je größer n, desto

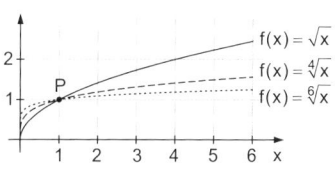

   - flacher verläuft G_f für $x > 1$.
   - steiler nähert sich G_f dem Koordinatenursprung.

2.3 Sinus- und Kosinusfunktion (trigonometrische Funktionen)

Unter der allgemeinen Sinus- bzw. Kosinusfunktion versteht man eine Funktion der Form:

$f: x \mapsto a \cdot \sin(bx + c) + d$ bzw. $f: x \mapsto a \cdot \cos(bx + c) + d$

mit $a, b, c, d \in \mathbb{R}$ und $a \neq 0$, $b \neq 0$

Definitionsmenge: $\mathbb{D}_f = \mathbb{R}$

Wertemenge: $\mathbb{W}_f = [-|a| + d; |a| + d]$

Bedeutung der Parameter (nur LK)

a: bestimmt die Amplitude ($\hat{=}$ „maximaler Ausschlag nach oben bzw. unten um $|a|$")

b: bestimmt die Periode ($\hat{=}$ „eine Schwingung"), $p = \left| \frac{2\pi}{b} \right|$

c: Verschiebung längs der x-Achse (Phasenverschiebung)

d: Verschiebung längs der y-Achse

Grundfunktionen sin x und cos x

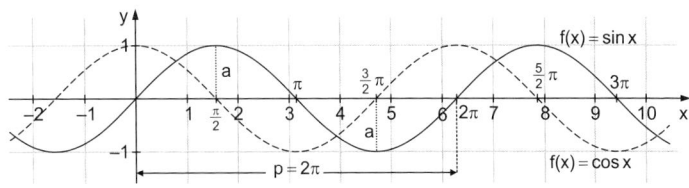

$\mathbb{W}_f = [-1; 1]; \quad a = 1; \quad p = 2\pi$

Nullstellen

Der Abstand zwischen zwei Nullstellen einer Sinus- bzw. Kosinusfunktion entspricht einer halben Periodenlänge und es gilt:

$\sin x = 0 \iff x = k \cdot \pi; \qquad k \in \mathbb{Z} \ (\ldots, -2\pi, -\pi, 0, \pi, 2\pi, \ldots)$

$\cos x = 0 \iff x = \frac{\pi}{2} + k \cdot \pi; \quad k \in \mathbb{Z} \ \left(\ldots, -\frac{3}{2}\pi, -\frac{\pi}{2}, \frac{\pi}{2}, \frac{3}{2}\pi, \ldots\right)$

2.4 Natürliche Exponentialfunktion

- Die natürliche Exponentialfunktion lautet $f(x) = e^x$.
- Definitionsmenge: $\mathbb{D}_f = \mathbb{R}$
  Wertemenge:
  $\mathbb{W}_f = \mathbb{R}^+ \ (e^x > 0 \text{ für alle } x \in \mathbb{R})$
- Die e-Funktion hat keine Nullstellen.
- Wichtige Grenzwerte:
  $$\lim_{x \to -\infty} e^x = 0^+$$
  $$\lim_{x \to +\infty} e^x = +\infty$$

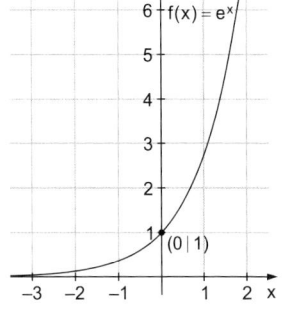

0^+ bedeutet, dass sich die Werte der Null nähern und positiv sind.

1. Bestimmen Sie die Nullstelle der Funktion $f(x) = (x+1) \cdot e^x$; $x \in \mathbb{R}$.

$$f(x) = 0$$
$$\Leftrightarrow \quad (x+1) \cdot e^x = 0$$
$$\Leftrightarrow \qquad x+1 = 0 \qquad \text{da } e^x > 0 \text{ für alle } x \in \mathbb{R}$$
$$\Leftrightarrow \qquad\quad x = -1$$

2. Gegeben ist die Funktion $f(x) = \frac{e^x}{1+e^x}$ mit $\mathbb{D}_f = \mathbb{R}$.

   Berechnen Sie den Funktionswert an der Stelle $\ln 2$ und bestimmen Sie das Verhalten an den Rändern des Definitionsbereichs.

$$f(\ln 2) = \frac{e^{\ln 2}}{1+e^{\ln 2}} = \frac{2}{1+2} = \frac{2}{3}$$

$$\lim_{x \to +\infty} f(x) = \lim_{x \to +\infty} \frac{e^x}{e^x \left(1 + \frac{1}{e^x}\right)} = \lim_{x \to +\infty} \frac{1}{1 + \frac{1}{e^x}} = \text{,,} \frac{1}{1 + 0^+} \text{''} = 1$$

$$\lim_{x \to -\infty} f(x) = \lim_{x \to -\infty} \frac{e^x}{e^x + 1} = \text{,,} \frac{0^+}{0^+ + 1} \text{''} = 0^+$$

2.5 Natürliche Logarithmusfunktion (nur LK)

- Die natürliche Logarithmus-funktion lautet $f(x) = \ln x$.
- Definitionsmenge: $\mathbb{D}_f = \mathbb{R}^+$
  Wertemenge: $\mathbb{W}_f = \mathbb{R}$
- Die ln-Funktion hat eine Null-stelle bei $x = 1$.
- Wichtige Grenzwerte:
$$\lim_{x \to 0^+} \ln x = -\infty$$
$$\lim_{x \to +\infty} \ln x = +\infty$$

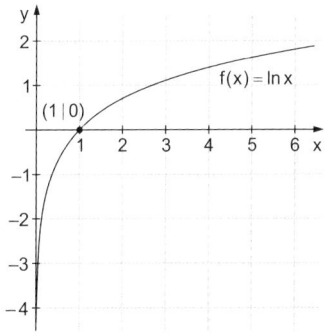

 Bestimmen Sie das Verhalten von $f(x) = \ln\left(\frac{1}{x-1}\right)$ an den Rändern des Definitionsbereichs.

Die ln-Funktion ist nur für positive Argumente definiert:

$$\frac{1}{x-1} > 0 \quad \Leftrightarrow \quad x-1 > 0 \quad \Leftrightarrow \quad x > 1 \quad \Rightarrow \quad \mathbb{D}_f = \left]1; +\infty\right[$$

$$\lim_{x \to 1^+} f(x) = \text{,,}\ln\left(\frac{1}{1^+ - 1}\right)\text{``} = \text{,,}\ln\left(\frac{1}{0^+}\right)\text{``} = \text{,,}\ln(+\infty)\text{``} = +\infty$$

$$\lim_{x \to +\infty} f(x) = \text{,,}\ln\left(\frac{1}{+\infty - 1}\right)\text{``} = \text{,,}\ln\left(\frac{1}{+\infty}\right)\text{``} = \text{,,}\ln(0^+)\text{``} = -\infty$$

2.6 Exponentielles Wachstum und exponentieller Zerfall

Exponentielle Wachstumsfunktion: $N(x) = N_0 \cdot e^{k \cdot x}$

Exponentielle Zerfallsfunktion: $\quad N(x) = N_0 \cdot e^{-k \cdot x}$

Bedeutung der Parameter bzw. Werte:

N_0: Startwert für $x = 0$; $N_0 > 0$

x: Zeit ab einem bestimmten Startpunkt; $x \geq 0$

k: Wachstums- bzw. Zerfallskonstante; $k > 0$

$N(x)$: Wert nach der Zeit x

 Eine Tomatenstaude hat zum Zeitpunkt des Auspflanzens eine Höhe von 8 cm. Nach 30 Tagen ist sie schon 14 cm hoch.

Das Wachstum der Staude lässt sich in den ersten zwei Monaten näherungsweise durch eine Exponentialfunktion mit einem Term der Form $N(x) = N_0 \cdot e^{k \cdot x}$ (x in Tagen, N(x) in Zentimetern) beschreiben. Bestimmen Sie N_0 und k.

Informationen aus dem Text:

$N(0) = 8$, $N(30) = 14$

Berechnung von N_0:

$N(0) = N_0 \cdot e^{k \cdot 0} = N_0 \quad \Rightarrow \quad N_0 = 8$

Berechnung von k:

$N(30) = 8 \cdot e^{k \cdot 30}$

$\Rightarrow \quad 8 \cdot e^{k \cdot 30} = 14$

$\Leftrightarrow \quad e^{k \cdot 30} = \frac{14}{8} \qquad \Big| \ln$

$\Leftrightarrow \quad k \cdot 30 = \ln\left(\frac{14}{8}\right)$

$\Leftrightarrow \quad k = \frac{1}{30} \cdot \ln\left(\frac{14}{8}\right) \approx 0{,}0187$

Die Wachstumsfunktion lautet: $N(x) = 8 \cdot e^{0{,}0187 \cdot x}$

3 Ableitung

3.1 Die Ableitung

Die Ableitung einer Funktion entspricht in jedem Punkt der Steigung der Tangente an den Graphen der Funktion und wird deshalb als Grenzwert der Sekantensteigung bestimmt.

Der **Differenzenquotient** $\frac{f(x) - f(x_0)}{x - x_0}$ gibt die Steigung einer Sekante durch den Punkt $P(x_0 | f(x_0))$ und einen weiteren Punkt des Graphen der Funktion $f(x)$ an.

Der Grenzwert des Differenzenquotienten bei Annäherung der beiden Punkte heißt **Differenzialquotient** und gibt die Steigung der Tangente im Punkt P an den Graphen von $f(x)$ bzw. die Ableitung der Funktion an der Stelle x_0 an:

$$f'(x_0) = \lim_{x \to x_0} \frac{f(x) - f(x_0)}{x - x_0} \quad \text{(momentane Änderungsrate)}$$

Eine Funktion f heißt ableitbar bzw. differenzierbar an der Stelle x_0, wenn dieser Grenzwert existiert und nicht unendlich ist.

Ableitungen der Grundfunktionen

Es gilt die **Potenzregel**:

$$f(x) = x^r \quad \text{mit} \quad r \in \mathbb{R} \quad \Rightarrow \quad f'(x) = r \cdot x^{r-1}$$

 Bestimmen Sie jeweils die Ableitung der Funktion.

1. $f(x) = x^4$

   $f'(x) = 4 \cdot x^{4-1} = 4 \cdot x^3$

2. $g(x) = \sqrt{x} = x^{\frac{1}{2}}$

   $g'(x) = \frac{1}{2} \cdot x^{\frac{1}{2}-1} = \frac{1}{2} \cdot x^{-\frac{1}{2}} = \frac{1}{2\sqrt{x}}$

3. $h(x) = \frac{1}{x} = x^{-1}$

   $h'(x) = (-1) \cdot x^{-1-1} = -x^{-2} = -\frac{1}{x^2}$

Weitere Grundfunktionen:

$f(x) = c$ mit $c \in \mathbb{R}$ $\Rightarrow$ $f'(x) = 0$

$f(x) = \sin x$ $\Rightarrow$ $f'(x) = \cos x$

$f(x) = \cos x$ $\Rightarrow$ $f'(x) = -\sin x$

$f(x) = e^x$ $\Rightarrow$ $f'(x) = e^x$

$f(x) = \ln x$ $\Rightarrow$ $f'(x) = \frac{1}{x}$ (nur LK)

Ableitungsregeln

Zum Ableiten komplexerer Funktionen benötigt man weitere Regeln.

Faktorregel

$f(x) = a \cdot u(x)$ mit $a \in \mathbb{R}$ $\Rightarrow$ $f'(x) = a \cdot u'(x)$

Summenregel

$f(x) = u(x) + v(x)$ $\Rightarrow$ $f'(x) = u'(x) + v'(x)$

Produktregel

$f(x) = u(x) \cdot v(x)$ $\Rightarrow$ $f'(x) = u'(x) \cdot v(x) + u(x) \cdot v'(x)$

Quotientenregel (nur LK)

$f(x) = \frac{u(x)}{v(x)}$ $\Rightarrow$ $f'(x) = \frac{u'(x) \cdot v(x) - u(x) \cdot v'(x)}{(v(x))^2}$

Kettenregel

$f(x) = u(v(x))$ $\Rightarrow$ $f'(x) = u'(v(x)) \cdot v'(x)$

Faktorregel

$f(x) = 5 \cdot \cos x$

$f'(x) = 5 \cdot (-\sin x) = -5 \cdot \sin x$

Summenregel

$f(x) = \ln x + \sqrt{x}$

$f'(x) = \frac{1}{x} + \frac{1}{2\sqrt{x}}$

Produktregel

$f(x) = x \cdot e^x$

$f'(x) = 1 \cdot e^x + x \cdot e^x = e^x(1+x)$

Quotientenregel (nur LK)

$f(x) = \frac{4-x^2}{2x-1}$

$f'(x) = \frac{-2x \cdot (2x-1) - (4-x^2) \cdot 2}{(2x-1)^2} = \frac{-4x^2 + 2x - 8 + 2x^2}{(2x-1)^2} = \frac{-2x^2 + 2x - 8}{(2x-1)^2}$

Kettenregel

$f(x) = \sin(x^2 - 3x)$

$f'(x) = \cos(x^2 - 3x) \cdot (2x - 3)$

3.2 Tangentengleichung

Die Ableitung $f'(x_0)$ gibt die Steigung der Tangente an den Graphen von f im Punkt $P(x_0 | f(x_0))$ an. Die Gleichung der Tangente in diesem Punkt lautet damit:

$y = f'(x_0) \cdot (x - x_0) + f(x_0)$

 Bestimmen Sie die Gleichungen der Tangente im Punkt $P(2 | f(2))$ an den Graphen der Funktion $f(x) = 3x^2 - 5$.

$f(2) = 3 \cdot 4 - 5 = 7 \quad \Rightarrow \quad P(2 | 7)$

$f'(x) = 6x \qquad \Rightarrow \quad f'(2) = 12$

Gleichung der Tangente:

$y = f'(2) \cdot (x - 2) + f(2) = 12 \cdot (x - 2) + 7 = 12x - 17$

4 Elemente der Kurvendiskussion, Anwendungen der Ableitung

Mithilfe der Ableitung können Funktionen auf bestimmte Eigenschaften untersucht und Rückschlüsse auf den Verlauf des Funktionsgraphen gezogen werden. Die 1. Ableitung bestimmt dabei die Steigung der Funktion, die 2. Ableitung ihre Krümmung.

4.1 Monotonieverhalten, Extrem- und Terrassenpunkte

Die Monotonie beschreibt das Steigungsverhalten einer Funktion.

Monotoniekriterium
$f'(x) < 0$ im Intervall I $\Rightarrow$ Der Graph G_f fällt streng monoton in I.
$f'(x) > 0$ im Intervall I $\Rightarrow$ Der Graph G_f steigt streng monoton in I.

Extremstellen und Terrassenstellen sind Stellen (x-Werte), an denen der Graph einer Funktion die Steigung null und damit eine waagrechte Tangente besitzt. Ändert sich an dieser Stelle das Monotonieverhalten (von steigend zu fallend oder umgekehrt), liegt ein Extrempunkt vor, andernfalls ein Terrassenpunkt.

Art von Extremwerten
Ist $f'(x_0) = 0$ und wechselt f' an der Stelle x_0 das Vorzeichen, so hat der Graph G_f an dieser Stelle einen Extrempunkt.
VZW von $-$ nach $+$: relatives Minimum bei x_0 (Tiefpunkt)
VZW von $+$ nach $-$: relatives Maximum bei x_0 (Hochpunkt)
kein VZW: Terrassenpunkt

Bemerkung: Ist eine Funktion nur auf einem Teilbereich von $\mathbb{R}$ definiert, kann der maximale bzw. minimale Wert auch am Rand dieses Bereichs angenommen werden (Randextremum). Da dies keine Hoch- bzw. Tiefpunkte im eigentlichen Sinne sind, werden sie nicht durch das obige Kriterium erfasst. Dies muss insbesondere bei Extremwertproblemen berücksichtigt werden.

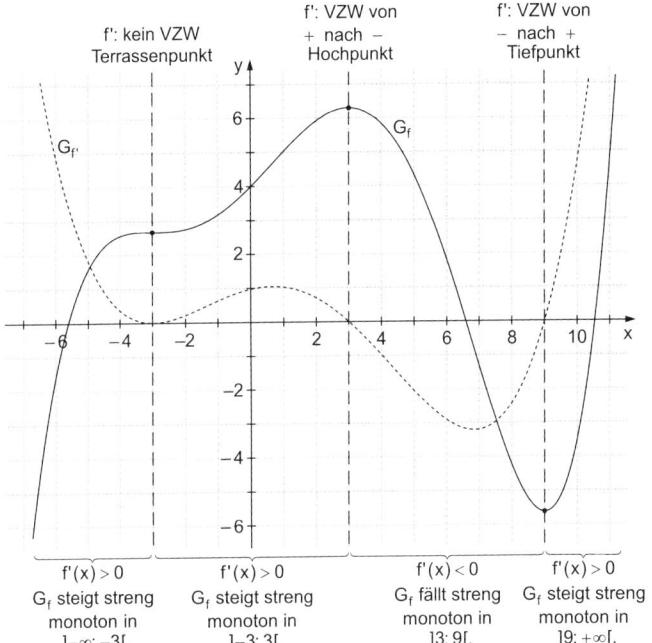

Bestimmung des Monotonieverhaltens und der Extrempunkte mithilfe einer Monotonietabelle

Vorgehensweise

Schritt 1: 1. Ableitung von f bestimmen

Schritt 2: Nullstellen der 1. Ableitung berechnen, d. h. Lösen der Gleichung $f'(x) = 0$

Schritt 3: Für jede Nullstelle x_0 der 1. Ableitung überprüfen, ob $f'(x)$ beim Fortschreiten von links nach rechts über die Nullstelle hinweg das Vorzeichen wechselt

− nach + : relatives Minimum bei x_0

+ nach − : relatives Maximum bei x_0

kein VZW: Terrassenpunkt

$f(x) = x \cdot e^x$

Schritt 1:

$f'(x) = 1 \cdot e^x + x \cdot e^x = e^x(1+x)$

Schritt 2:

$$f'(x) = 0$$
$$e^x(1+x) = 0 \qquad |:e^x > 0$$
$$1 + x = 0$$
$$x = -1$$

Schritt 3:

Monotonietabelle:

	$x < -1$	$x > -1$
$f'(x)$	−	+
G_f	fällt	steigt

$x = -1$

Minimumstelle

G_f fällt streng monoton für $x < -1$ und steigt streng monoton für $x > -1$.
G_f hat den Tiefpunkt $T(-1|f(-1)) = T(-1|-e^{-1})$.

Bestimmung der Extrempunkte mithilfe der 2. Ableitung

Alternativ kann die Art der Extrempunkte mithilfe der 2. Ableitung bestimmt werden. Allerdings lässt sich bei diesem Vorgehen kein direkter Rückschluss auf einen Terrassenpunkt ziehen.

Art von Extremwerten *(alternatives Kriterium)*
Ist $f'(x_0) = 0$ und $f''(x_0) > 0$, so hat der Graph G_f an der Stelle x_0 ein relatives Minimum (Tiefpunkt).
Ist $f'(x_0) = 0$ und $f''(x_0) < 0$, so hat der Graph G_f an der Stelle x_0 ein relatives Maximum (Hochpunkt).

Bemerkung:
$f'(x_0) = 0$ wird als notwendige Bedingung bezeichnet.
$f'(x_0) = 0$ und $f''(x_0) \neq 0$ wird hinreichende Bedingung genannt.

Vorgehensweise

Schritt 1: 1. und 2. Ableitung von f bestimmen

Schritt 2: Nullstellen der 1. Ableitung berechnen, d. h. Lösen der Gleichung $f'(x) = 0$

Schritt 3: Für jede Nullstelle x_0 der 1. Ableitung den Funktionswert $f''(x_0)$ berechnen und das Ergebnis auswerten

$f''(x_0) > 0$: relatives Minimum bei x_0

$f''(x_0) < 0$: relatives Maximum bei x_0

$f''(x_0) = 0$: Terrassenpunkt *möglich*

 $f(x) = x \cdot e^x$

Schritt 1:

$f'(x) = 1 \cdot e^x + x \cdot e^x = e^x (1 + x)$

$f''(x) = e^x \cdot (1 + x) + e^x \cdot 1 = e^x (2 + x)$

Schritt 2:

$f'(x) = 0 \iff x = -1$ (vgl. S. 14)

Schritt 3:

$f''(-1) = e^{-1} \cdot (2 - 1) = e^{-1} > 0 \implies$ relatives Minimum bei $x = -1$

$\implies G_f$ hat den Tiefpunkt $T(-1 \,|\, -e^{-1})$.

4.2 Krümmungsverhalten, Wendepunkte

Graphenkrümmung

$f''(x) < 0$ im Intervall I $\implies$ Der Graph G_f ist in I rechtsgekrümmt.

$f''(x) > 0$ im Intervall I $\implies$ Der Graph G_f ist in I linksgekrümmt.

Wendestellen sind Stellen (x-Werte), an denen der Graph einer Funktion seine Krümmung wechselt (von einer Links- in eine Rechtskurve oder umgekehrt).

Wendepunkte

Ist $f''(x_0) = 0$ und wechselt f'' an der Stelle x_0 das Vorzeichen, so hat der Graph G_f an dieser Stelle einen Wendepunkt.

Ein Terrassenpunkt ist ein Wendepunkt mit waagrechter Tangente (vgl. Abschnitt 4.1).

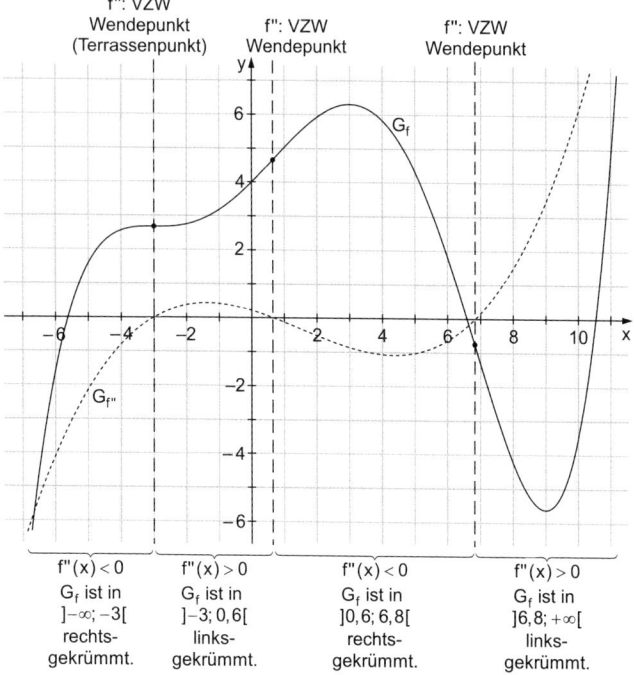

f''(x) < 0	f''(x) > 0	f''(x) < 0	f''(x) > 0
G_f ist in	G_f ist in	G_f ist in	G_f ist in
$]-\infty; -3[$	$]-3; 0,6[$	$]0,6; 6,8[$	$]6,8; +\infty[$
rechts-gekrümmt.	links-gekrümmt.	rechts-gekrümmt.	links-gekrümmt.

Bestimmung des Krümmungsverhaltens und der Wendepunkte mithilfe einer Krümmungstabelle

Vorgehensweise

Schritt 1: 1. und 2. Ableitung von f bestimmen

Schritt 2: Nullstellen der 2. Ableitung berechnen, d. h. Lösen der Gleichung $f''(x) = 0$

Schritt 3: Für jede Nullstelle x_0 der 2. Ableitung überprüfen, ob $f''(x)$ beim Fortschreiten von links nach rechts über die Nullstelle hinweg das Vorzeichen wechselt

bei VZW: Wendepunkt

kein VZW: kein Wendepunkt

$f(x) = x \cdot e^x; \quad \mathbb{D}_f = \mathbb{R}$

Schritt 1:

$f'(x) = 1 \cdot e^x + x \cdot e^x = e^x(1+x)$

$f''(x) = e^x \cdot (1+x) + e^x \cdot 1 = e^x(2+x)$

Schritt 2:

$$f''(x) = 0$$

$$\Leftrightarrow \quad e^x(2+x) = 0$$

$$\Leftrightarrow \quad 2+x = 0 \qquad \text{da } e^x > 0 \text{ für alle } x \in \mathbb{R}$$

$$\Leftrightarrow \quad x = -2$$

Schritt 3:

Krümmungstabelle

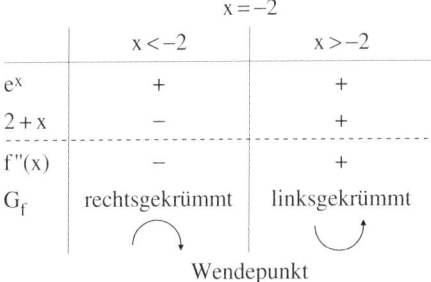

	$x < -2$	$x > -2$
e^x	$+$	$+$
$2+x$	$-$	$+$
$f''(x)$	$-$	$+$
G_f	rechtsgekrümmt	linksgekrümmt

Wendepunkt

G_f ist in $]-\infty; -2[$ rechtsgekrümmt und in $]-2; +\infty[$ linksgekrümmt.

$\Rightarrow \quad G_f$ hat den Wendepunkt $(-2 \,|\, f(-2)) = (-2 \,|\, -2e^{-2})$.

Bestimmung der Wendepunkte mithilfe der 3. Ableitung

Alternativ kann die Bestimmung der Wendepunkte mithilfe der 3. Ableitung erfolgen. Allerdings lässt sich bei diesem Vorgehen das Krümmungsverhalten nicht angeben.

Wendepunkte *(alternatives Kriterium)*

Ist $f''(x_0) = 0$ und $f'''(x_0) \neq 0$, so hat der Graph G_f an der Stelle x_0 einen Wendepunkt.

Vorgehensweise

Schritt 1: 1., 2. und 3. Ableitung von f bestimmen

Schritt 2: Nullstellen der 2. Ableitung berechnen, d. h. Lösen der Gleichung $f''(x) = 0$

Schritt 3: Für jede Nullstelle x_0 der 2. Ableitung den Funktionswert $f'''(x_0)$ berechnen und das Ergebnis auswerten

$f'''(x_0) \neq 0$: Wendepunkt

$f'''(x_0) = 0$: keine Aussage möglich

 $f(x) = x \cdot e^x$; $\mathbb{D}_f = \mathbb{R}$

Schritt 1:

$f'(x) = 1 \cdot e^x + x \cdot e^x = e^x(1+x)$

$f''(x) = e^x \cdot (1+x) + e^x \cdot 1 = e^x(2+x)$

$f'''(x) = e^x \cdot (2+x) + e^x \cdot 1 = e^x(3+x)$

Schritt 2:

$f''(x) = 0 \iff e^x(2+x) = 0 \iff x = -2$ (vgl. S. 17)

Schritt 3:

$f'''(-2) = e^{-2}(3-2) = e^{-2} \neq 0$

$\Rightarrow$ G_f hat den Wendepunkt $(-2 \mid f(-2)) = (-2 \mid -2e^{-2})$.

4.3 Extremwertaufgaben

Bei Extremwertaufgaben geht es darum, die Voraussetzungen, unter denen eine bestimmte Größe extrem, d. h. maximal oder minimal wird, zu ermitteln. Meist wird zudem die Berechnung dieses größten bzw. kleinsten Werts gefordert.

Vorgehensweise

Schritt 1: Größe, für die ein Extremwert berechnet werden soll, als Funktion in Abhängigkeit der relevanten Variablen aufstellen ($\hat{=}$ Zielfunktion)

Schritt 2: Im Aufgabentext nach Nebenbedingungen suchen und Zusammenhänge zwischen den in der Zielfunktion enthaltenen Variablen herstellen, um die Zielfunktion in Abhängigkeit von nur einer Variablen zu erhalten. (Falls die in Schritt 1 aufgestellte Funktion bereits von nur einer Variablen abhängig ist, wird keine Nebenbedingung benötigt und Schritt 2 kann ausgelassen werden.)

Schritt 3: Eine bezüglich der Fragestellung sinnvolle Definitionsmenge für die Zielfunktion festlegen

Schritt 4: Mit den üblichen Mitteln das Maximum bzw. Minimum der Zielfunktion berechnen

 Für den Quader im Bild rechts soll ein Kantenmodell aus Draht gebastelt werden. Dafür steht ein Drahtstück der Länge 84 cm zur Verfügung, das vollständig verbraucht werden soll.
Bestimmen Sie die Maße des Quaders, für die sein Volumen maximal wird, und geben Sie dieses Volumen an.

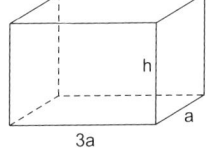

Schritt 1:
Die Zielfunktion gibt das Volumen des Quaders an:

$V(a, h) = 3a \cdot a \cdot h = 3a^2 h$

Schritt 2:
Als Nebenbedingung beträgt die Summe aller Kantenlängen 84 cm:

$$4 \cdot 3a + 4 \cdot a + 4 \cdot h = 84$$
$$\Leftrightarrow \qquad 16a + 4h = 84$$
$$\Leftrightarrow \qquad 4h = 84 - 16a$$
$$\Leftrightarrow \qquad h = 21 - 4a \quad (*)$$

Einsetzen in die Zielfunktion:

$V(a) = 3a^2(21 - 4a) = 63a^2 - 12a^3$

Schritt 3:
Da a und h Längen sind, gilt $a > 0$ und $h > 0$. Aus Letzterem und der Nebenbedingung (*) folgt: $h = 21 - 4a > 0 \Leftrightarrow 21 > 4a \Leftrightarrow a < 5{,}25$
Eine sinnvolle Definitionsmenge für die Zielfunktion $V(a)$ ist also:
$\mathbb{D}_V = \,]0; 5{,}25[$

Schritt 4:

Das Maximum der Zielfunktion ergibt sich wie in Abschnitt 4.1 beschrieben:

$V'(a) = 126a - 36a^2 = 0$

$\Leftrightarrow \quad a \cdot (126 - 36a) = 0$

$\Leftrightarrow \quad a = 0 \ (\notin \mathbb{D}_V) \ \text{oder} \ a = 3{,}5$

$\left. \begin{array}{l} V'(a) > 0 \ \text{für} \ 0 < a < 3{,}5 \\ V'(a) < 0 \ \text{für} \ a > 3{,}5 \end{array} \right\} \Rightarrow \text{Maximum}$

Für den Wert $a = 3{,}5$ wird das Volumen des Quaders maximal.

Der Quader ist dann 3,5 cm breit, 10,5 cm lang und 7 cm hoch.

Das maximale Volumen beträgt $V(3{,}5) = 257{,}25 \, \text{cm}^3$.

4.4 Umkehrfunktion

Bedingung für Umkehrbarkeit

Eine Funktion f ist auf ihrem Definitionsbereich bzw. einem Teilintervall des Definitionsbereichs umkehrbar, wenn sie dort entweder nur streng monoton steigt oder nur streng monoton fällt.

Der Term der Umkehrfunktion f^{-1} einer Funktion f ergibt sich durch Vertauschen der x- und y-Werte, ihr Graph durch Spiegelung des Graphen von f an der Winkelhalbierenden des I. Quadranten.

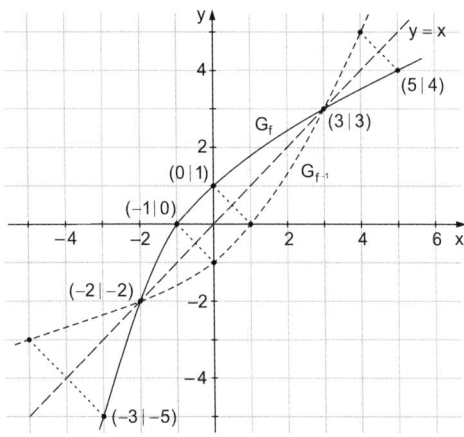

Vorgehensweise zur Berechnung der Umkehrfunktion

Schritt 1: Funktionsterm $y = f(x)$ nach x auflösen

Schritt 2: x und y vertauschen

Schritt 3: Term der Umkehrfunktion $f^{-1}(x)$ mit Definitionsmenge angeben; es gilt: $\mathbb{D}_{f^{-1}} = \mathbb{W}_f$ (und $\mathbb{W}_{f^{-1}} = \mathbb{D}_f$)

 Bestimmen Sie die Umkehrfunktion der Funktion $f(x) = \sqrt{x+2}$ mit $\mathbb{D}_f = [-2; \infty[$, $\mathbb{W}_f = \mathbb{R}_0^+$.

Schritt 1:

$$y = \sqrt{x+2}$$
$$\Leftrightarrow \quad y^2 = x + 2$$
$$\Leftrightarrow \quad x = y^2 - 2$$

Schritt 2:

$$y = x^2 - 2$$

Schritt 3:

$$f^{-1}(x) = x^2 - 2 \quad \text{mit} \quad \mathbb{D}_{f^{-1}} = \mathbb{W}_f = \mathbb{R}_0^+$$

5 Stammfunktion und unbestimmtes Integral

5.1 Stammfunktion

Eine Funktion F ist Stammfunktion der Funktion f, wenn gilt:

$$F'(x) = f(x)$$

 1. Bestimmen Sie eine Stammfunktion F von $f(x) = 4x^3 - 2x$.

$F(x) = x^4 - x^2$, denn $F'(x) = 4x^3 - 2x = f(x)$

2. Die folgende Abbildung zeigt den Graphen G_f der Funktion f. Zeichnen Sie den Graphen G_F einer Stammfunktion F von f.

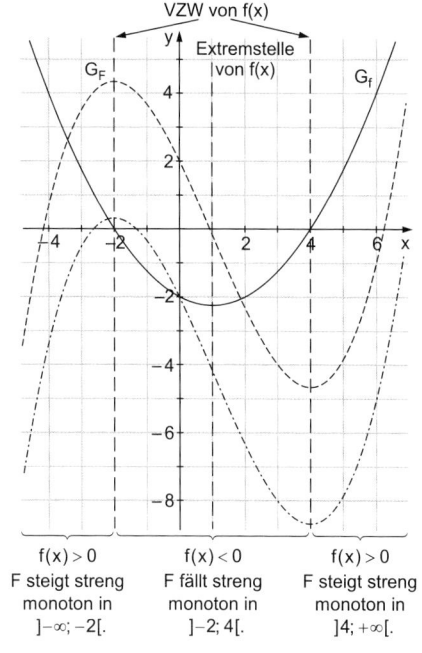

Es bestehen folgende Zusammenhänge:

- Vorzeichen von f
  $\Rightarrow$ Steigung von F
- Nullstellen von f mit VZW
  $\Rightarrow$ Extrema von F
- Extremstellen von f
  $\Rightarrow$ Wendestellen von F

Bemerkung: Eine Verschiebung von G_F nach oben oder unten hat keinen Einfluss auf den Verlauf des Graphen G_f (konstantes Glied fällt beim Ableiten weg). Es sind also unendlich viele Stammfunktionen möglich.

5.2 Unbestimmtes Integral

Das unbestimmte Integral einer Funktion f ist die Menge aller Stammfunktionen dieser Funktion:

$$\int f(x)\,dx = F(x) + C; \quad C \in \mathbb{R}$$

Dabei gilt stets: $F'(x) = f(x)$

Wichtige unbestimmte Integrale

Elementare Stammfunktionen:

$$\int x^r \, dx = \frac{x^{r+1}}{r+1} + C; \quad r \neq -1 \qquad \int \frac{1}{x} \, dx = \ln|x| + C$$

$$\int \sin x \, dx = -\cos x + C \qquad \int \cos x \, dx = \sin x + C$$

$$\int e^x \, dx = e^x + C \qquad \int \ln x \, dx = -x + x \cdot \ln x + C$$

Integrationsregeln:

(1) $\int \frac{f'(x)}{f(x)} \, dx = \ln|f(x)| + C$ \qquad (logarithmische Integration)

(2) $\int f'(x) \cdot e^{f(x)} \, dx = e^{f(x)} + C$

(3) $\int f(ax+b) \, dx = \frac{1}{a} \cdot F(ax+b) + C$, wobei F Stammfunktion von f ist.

\quad (lineare Substitution)

1. $\int (5x^3 - 3x + \sin x) \, dx = 5 \cdot \frac{x^4}{4} - 3 \cdot \frac{x^2}{2} + (-\cos x) + C$

$$= \frac{5}{4}x^4 - \frac{3}{2}x^2 - \cos x + C$$

2. $\int \frac{2}{2x-7} \, dx = \ln|2x-7| + C$

Regel (1) mit $f(x) = 2x - 7$ und $f'(x) = 2$

3. $\int \cos(-2x+5) \, dx = \frac{1}{-2} \cdot \sin(-2x+5) + C = -\frac{1}{2}\sin(-2x+5) + C$

Regel (3) mit $f(x) = \cos x$, $F(x) = \sin x$ und $a = -2$, $b = 5$

5.3 Integrationsverfahren

Integration durch Substitution

$$\int f(g(x)) \cdot g'(x) \, dx = \int f(z) \, dz = F(z) + C = F(g(x)) + C$$

Substitution: \qquad Rücksubstitution:
$g(x) = z$ \qquad\qquad $z = g(x)$

$\displaystyle \int (2-x^3)^2 \cdot x^2 \, dx$ (1)   Substitution $z(x) = 2 - x^3$

(2)   Ableiten der Substitutionsfunktion:

$$z'(x) = \frac{dz}{dx} = -3x^2 \;\; \Rightarrow \;\; dx = \frac{dz}{-3x^2}$$

$\displaystyle = \int z^2 \cdot x^2 \cdot \frac{dz}{-3x^2}$ (3)   Einsetzen der Substitution; Ersetzen von dx

$\displaystyle = -\frac{1}{3} \int z^2 \, dz$

$\displaystyle = -\frac{1}{3} \cdot \frac{1}{3} z^3 + C$

$\displaystyle = -\frac{1}{9}(2-x^3)^3 + C$ (4)   Rücksubstitution

Partielle Integration (nur LK)

Sind u und v zwei über dem Intervall [a; b] differenzierbare Funktionen, so gilt:

$$\int u(x) \cdot v'(x) \, dx = u(x) \cdot v(x) - \int u'(x) \cdot v(x) \, dx$$

$\displaystyle \int (x \cdot e^{2x+1}) \, dx$

$u(x) = x \quad v'(x) = e^{2x+1}$

$u'(x) = 1 \quad v(x) = \frac{1}{2} e^{2x+1}$

$\displaystyle \int (x \cdot e^{2x+1}) \, dx = x \cdot \frac{1}{2} \cdot e^{2x+1} - \int (1 \cdot \frac{1}{2} \cdot e^{2x+1}) dx$

$\displaystyle \qquad\qquad = \frac{1}{2} x \cdot e^{2x+1} - \frac{1}{4} e^{2x+1} + C$

$\displaystyle \qquad\qquad = e^{2x+1}\left(\frac{1}{2} x - \frac{1}{4}\right) + C$

6 Bestimmtes Integral, Flächen- und Volumenberechnung

6.1 Bestimmtes Integral

Das bestimmte Integral ist eine Zahl. Sie drückt die **Flächenbilanz** der Flächen aus, die der Graph G_f einer Funktion f im Intervall [a; b] mit der x-Achse einschließt.

$$\int_a^b f(x)\,dx = \left[F(x)\right]_a^b = F(b) - F(a), \quad \text{wobei F Stammfunktion von f ist.}$$

Gilt für die Integrationsgrenzen $a < b$, dann gehen Flächen oberhalb der x-Achse positiv in die Bilanz ein und Flächen unterhalb der x-Achse negativ:

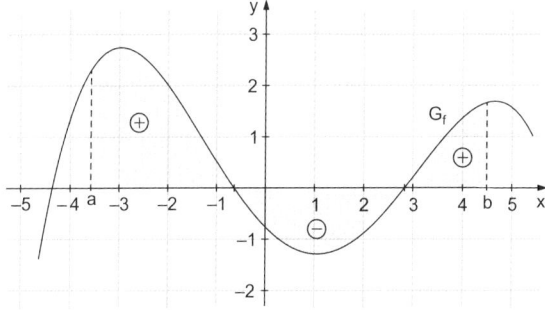

Flächenbilanz

$\oplus > \ominus$: bestimmtes Integral > 0

$\oplus = \ominus$: bestimmtes Integral $= 0$

$\oplus < \ominus$: bestimmtes Integral < 0

Eigenschaften des bestimmten Integrals

1. $\displaystyle\int_a^a f(x)\,dx = 0$

2. $\displaystyle\int_a^b f(x)\,dx = -\int_b^a f(x)\,dx$

3. $\displaystyle\int_a^b k \cdot f(x)\,dx = k \cdot \int_a^b f(x)\,dx$, wobei $k \in \mathbb{R}$

4. $\displaystyle\int_a^b \big(f(x) \pm g(x)\big)\,dx = \int_a^b f(x)\,dx \pm \int_a^b g(x)\,dx$

5. $\displaystyle\int_a^b f(x)\,dx = \int_a^c f(x)\,dx + \int_c^b f(x)\,dx$, wobei $a < c < b$

6.2 Flächenberechnung

Berechnung des Flächeninhalts zwischen Graph und x-Achse

Zur Berechnung des Inhalts der vom Graphen der Funktion f und der x-Achse im Intervall [a; b] eingeschlossenen Fläche muss in diesem Bereich über f(x) integriert werden. Dabei müssen die Teilflächen ober- und unterhalb der x-Achse getrennt betrachtet werden.

Vorgehensweise

Schritt 1: Nullstellen x_1, x_2, ..., x_n von f im Intervall [a; b] berechnen: $f(x) = 0$ mit $a < x < b$

Schritt 2: Inhalt A der Fläche zwischen G_f und x-Achse $\triangleq$ Summe der Beträge der Einzelintegrale über f(x)

$$A = \left| \int_a^{x_1} f(x)\,dx \right| + \left| \int_{x_1}^{x_2} f(x)\,dx \right| + \ldots + \left| \int_{x_n}^b f(x)\,dx \right|$$

Berechnung des Flächeninhalts zwischen zwei Graphen

Zur Berechnung des Inhalts der von den Graphen zweier Funktionen f und g im Intervall [a; b] eingeschlossenen Fläche muss über die Differenz von f(x) und g(x) integriert werden. Dabei ist es egal, ob die eingeschlossene Fläche ober- bzw. unterhalb der x-Achse liegt, allerdings müssen hier die Teilflächen zwischen den Schnittstellen der beiden Graphen getrennt betrachtet werden.

Vorgehensweise

Schritt 1: Schnittstellen x_1, x_2, …, x_n von G_f und G_g im Intervall [a; b] berechnen: $f(x) = g(x)$ mit $a < x < b$

Schritt 2: Inhalt A der Fläche zwischen G_f und $G_g \; \hat{=}$ Summe der Beträge der Einzelintegrale über die Differenz $f(x) - g(x)$

$$A = \left| \int_a^{x_1} \left(f(x) - g(x) \right) dx \right| + \left| \int_{x_1}^{x_2} \left(f(x) - g(x) \right) dx \right| + \dots$$

$$+ \left| \int_{x_n}^{b} \left(f(x) - g(x) \right) dx \right|$$

Dabei spielt es keine Rolle, ob der Graph G_f oberhalb des Graphen G_g liegt oder umgekehrt.

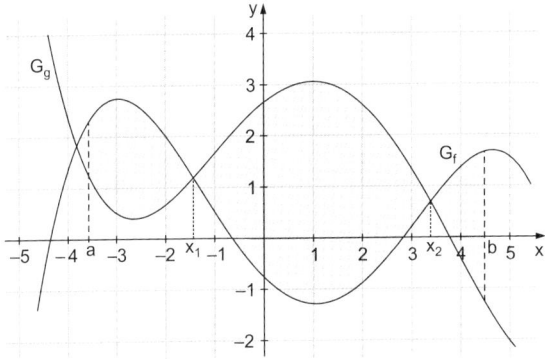

Gegeben sind die Funktionen
$f(x) = \sin x$ und $g(x) = \cos x$.
Ihre Graphen G_f und G_g sind
in der nebenstehenden Abbildung skizziert.
Berechnen Sie den Inhalt der
grau gefärbten Fläche.

Rechte Integrationsgrenze:

$b = \frac{3}{4}\pi$ (siehe Skizze)

Linke Integrationsgrenze:
Entspricht der Schnittstelle von G_f und G_g im Intervall $\left]0; \frac{3}{4}\pi\right[$.

$$f(x) = g(x) \quad \Leftrightarrow \quad \sin x = \cos x$$

$$\Leftrightarrow \quad \frac{\sin x}{\cos x} = 1$$

$$\Leftrightarrow \quad \tan x = 1$$

$$\Leftrightarrow \quad x = \frac{\pi}{4}$$

(Zur Berechnung Taschenrechner auf RAD stellen!)

Die linke Integrationsgrenze lautet also $a = \frac{\pi}{4}$.

Flächeninhalt:

$$A = \left| \int_{\frac{\pi}{4}}^{\frac{3}{4}\pi} (\sin x - \cos x)\, dx \right| = \left| \left[-\cos x - \sin x \right]_{\frac{\pi}{4}}^{\frac{3}{4}\pi} \right|$$

$$= \left| -\cos\left(\frac{3}{4}\pi\right) - \sin\left(\frac{3}{4}\pi\right) - \left(-\cos\left(\frac{\pi}{4}\right) - \sin\left(\frac{\pi}{4}\right) \right) \right|$$

$$= \left| -\left(-\frac{1}{2}\sqrt{2}\right) - \frac{1}{2}\sqrt{2} - \left(-\frac{1}{2}\sqrt{2} - \frac{1}{2}\sqrt{2} \right) \right|$$

$$= \left| \frac{1}{2}\sqrt{2} - \frac{1}{2}\sqrt{2} + \frac{1}{2}\sqrt{2} + \frac{1}{2}\sqrt{2} \right|$$

$$= \sqrt{2}$$

$$\approx 1{,}41$$

6.3 Uneigentliches Integral (nur LK)

Nimmt eine Integrationsgrenze einen beliebig großen Wert an und existiert der Grenzwert dieses Integrals, so handelt es sich um ein uneigentliches Integral.

$$\int\limits_{a}^{\infty} f(x)\,dx = \lim_{k \to \infty} \int\limits_{a}^{k} f(x)\,dx \quad \text{oder} \quad \int\limits_{-\infty}^{b} f(x)\,dx = \lim_{k \to -\infty} \int\limits_{k}^{b} f(x)\,dx$$

Bemerkung: Man spricht auch von einem uneigentlichen Integral, wenn beide Integrationsgrenzen beliebig große Werte annehmen.

Berechnen Sie den Flächeninhalt, den die Funktion $f(x) = e^{-x}$ im Intervall $[0; \infty[$ mit der x-Achse einschließt.

$$\int\limits_{0}^{\infty} e^{-x}\,dx = \lim_{k \to \infty} \int\limits_{0}^{k} e^{-x}\,dx$$

$$= \lim_{k \to \infty} \left[-e^{-x}\right]_{0}^{k}$$

$$= \lim_{k \to \infty} \left(-e^{-k} + e^{0}\right)$$

$$= \lim_{k \to \infty} \left(-e^{-k} + 1\right)$$

$$= \lim_{k \to \infty} -e^{-k} + \lim_{k \to \infty} 1$$

$$= 0 + 1$$

$$= 1$$

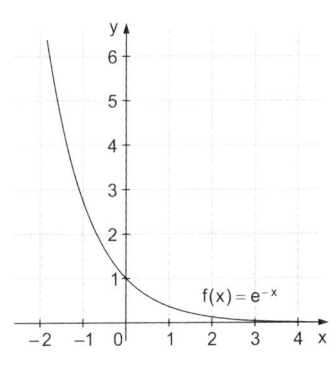

6.4 Volumenberechnung

Volumen von Rotationskörpern
Rotiert der Graph einer Funktion f über dem Intervall [a; b] um die x-Achse, so entsteht ein Rotationskörper mit folgendem Volumen:

$$V = \pi \cdot \int\limits_{a}^{b} (f(x))^2\,dx$$

Der Graph der Funktion $f(x) = x^{\frac{2}{3}}$, $x \in [0; 8]$ rotiert um die x-Achse. Berechnen Sie das Volumen des Rotationskörpers.

$$V = \pi \cdot \int\limits_0^8 (x^{\frac{2}{3}})^2 \, dx = \pi \cdot \int\limits_0^8 x^{\frac{4}{3}} \, dx = \pi \cdot \left[\frac{3}{7} \cdot x^{\frac{7}{3}} \right]_0^8 = \pi \cdot \left(\frac{3}{7} \cdot 8^{\frac{7}{3}} - 0 \right)$$

$$\approx 172,3 \, [VE]$$

7 Integralfunktion

Eine Funktion der Form

$$I_a(x) = \int\limits_a^x f(t) \, dt$$

mit einer festen unteren Grenze $a \in \mathbb{D}_f$ und einer variablen oberen Grenze heißt Integralfunktion von f. Es gilt:

$$I_a(x) = \int\limits_a^x f(t) \, dt = F(x) - F(a), \text{ wobei F Stammfunktion von f ist.}$$

Hauptsatz der Differenzial- und Integralrechnung
Jede Integralfunktion $I_a(x)$ von f ist eine (durch a festgelegte) Stammfunktion aus der Menge $\int f(x) \, dx = F(x) + C$ aller Stammfunktionen von f, denn es gilt: $I_a'(x) = F'(x) = f(x)$

Wichtige Eigenschaften
Auch ohne die Integralfunktion integralfrei darzustellen, kann man bereits einige wichtige Eigenschaften angeben.

1. $I_a(x)$ hat mindestens eine Nullstelle, nämlich bei $x = a$:

$$I_a(a) = \int\limits_a^a f(t) \, dt = 0$$

2. $I_a'(x) = f(x) \implies$ Nullstellen von $f(x) \triangleq$ Extremstellen oder Terrassenstellen von $I_a(x)$

3. $I_a''(x) = f'(x) \implies$ Extremstellen von $f(x) \triangleq$ Wendestellen von $I_a(x)$

Vergleich

$\int f(x)\,dx$:   Unbestimmtes Integral; keine Grenzen; eine Menge von Funktionen: $F(x)+C$

$\int\limits_{a}^{x} f(t)\,dt$:   Integralfunktion; feste untere Grenze a; eine Funktion: $F(x)-F(a)$

$\int\limits_{a}^{b} f(x)\,dx$:   Bestimmtes Integral; zwei Grenzen a und b; eine Zahl: $F(b)-F(a)$

1. Gegeben ist die Integralfunktion $I_1(x) = \int\limits_{1}^{x} (-t+2)\,dt$. Berechnen Sie eine integralfreie Darstellung.

$$I_1(x) = \int\limits_{1}^{x} (-t+2)\,dt = \left[-\frac{1}{2}t^2 + 2t\right]_1^x$$

$$= -\frac{1}{2}x^2 + 2x - \left(-\frac{1}{2}\cdot 1^1 + 2\cdot 1\right)$$

$$= -\frac{1}{2}x^2 + 2x - \frac{3}{2}$$

2. Die Skizze zeigt den Graphen einer linearen Funktion f.

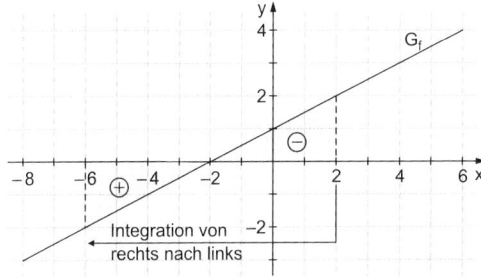

Bestimmen Sie ohne Rechnung alle Nullstellen der Integralfunktion $I_2(x) = \int\limits_{2}^{x} f(t)\,dt$.

Erste Nullstelle: $x_1 = 2$ (untere Integrationsgrenze)

Zweite Nullstelle: $x_2 = -6$ (Flächenbilanz von $I_2(x)$ ist an dieser Stelle 0, vgl. Skizze)

Begründung:

$I_2(x) \triangleq$ bestimmtes Integral der Funktion f von 2 bis x

$\triangleq$ Flächenbilanz zwischen G_f und x-Achse zwischen 2 und x

Integration von $x = 2$ nach rechts: nur positiver Beitrag zur Flächenbilanz $\Rightarrow$ keine weiteren Nullstellen

Integration von $x = 2$ nach links: zuerst negativer Beitrag zur Flächenbilanz bis $x_1 = -2$, ab dann positiver Beitrag

$\Rightarrow$ bei $x_2 = -6$ ist die Flächenbilanz 0

$\Rightarrow$ $x_2 = -6$ zweite Nullstelle

$\Rightarrow$ keine weiteren Nullstellen

Geometrie

1 Lineare Gleichungssysteme

Lineare Gleichungssysteme und deren Lösbarkeit spielen bei Fragestellungen der analytischen Geometrie, insbesondere bei der Untersuchung von Lagebeziehungen, eine große Rolle.

Ein lineares Gleichungssystem (LGS) der Form

$$a_{11}x_1 + a_{12}x_2 + \cdots + a_{1n}x_n = b_1$$
$$a_{21}x_1 + a_{22}x_2 + \cdots + a_{2n}x_n = b_2$$
$$\vdots \quad \vdots \qquad \vdots \qquad \vdots \qquad \vdots \quad \vdots$$
$$a_{m1}x_1 + a_{m2}x_2 + \cdots + a_{mn}x_n = b_m$$

kann entweder keine, genau eine oder unendlich viele Lösungen haben.

Sind alle b_i gleich null, so spricht man von einem homogenen LGS, ansonsten von einem inhomogenen LGS.

Um die Lösung eines LGS zu bestimmen, bringt man es durch Zeilenumformungen auf Stufenform, sodass die Werte für die einzelnen Variablen nacheinander abgelesen werden können.

$$\begin{aligned} 2x_1 - x_2 + 4x_3 &= 16 \\ 5x_1 - 2x_2 + 3x_3 &= 1 \\ x_1 - x_2 + x_3 &= 7 \end{aligned} \quad \bigg| \cdot(-2) \ \cdot(-5)$$

Die 3. Zeile wird mit –2 multipliziert und zur 1. Zeile addiert.

Die 3. Zeile wird mit –5 multipliziert und zur 2. Zeile addiert.

$$\begin{aligned} x_2 + 2x_3 &= 2 \\ 3x_2 - 2x_3 &= -34 \\ x_1 - x_2 + x_3 &= 7 \end{aligned} \quad \bigg| \cdot 1$$

Die 1. Zeile wird mit 1 multipliziert und zur 2. Zeile addiert.

$$\begin{aligned} x_2 + 2x_3 &= 2 \\ 4x_2 &= -32 \\ x_1 - x_2 + x_3 &= 7 \end{aligned}$$

Umordnen der Zeilen des letzten LGS ergibt die Stufenform:

$$x_1 - x_2 + x_3 = 7$$
$$x_2 + 2x_3 = 2$$
$$4x_2 = -32$$

Daraus lässt sich von unten nach oben die Lösung ablesen:

$$x_2 = -8; \ x_3 = 5; \ x_1 = -6 \quad \text{oder in Vektorform: } \vec{x} = \begin{pmatrix} -6 \\ -8 \\ 5 \end{pmatrix}$$

2 Vektoren

Ein Vektor $\vec{u}$ ist durch seine Länge und seine Richtung festgelegt und kann anschaulich als Pfeil dargestellt werden. Den Pfeil, der von A nach B verläuft, nennt man auch Verbindungsvektor; Bezeichung: $\overrightarrow{AB}$
Einen Vektor, der den Ursprung mit einem Punkt A verbindet, nennt man Ortsvektor des Punktes A; Bezeichnung: $\vec{a}$ oder $\overrightarrow{OA}$

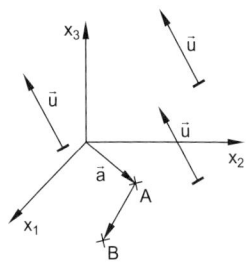

2.1 Rechnen mit Vektoren

Addition und Subtraktion
Zwei Vektoren $\vec{a}$ und $\vec{b}$ werden addiert bzw. subtrahiert, indem die einzelnen Koordinaten der Vektoren addiert bzw. subtrahiert werden:

$$\vec{a} + \vec{b} = \begin{pmatrix} a_1 \\ a_2 \\ a_3 \end{pmatrix} + \begin{pmatrix} b_1 \\ b_2 \\ b_3 \end{pmatrix} = \begin{pmatrix} a_1 + b_1 \\ a_2 + b_2 \\ a_3 + b_3 \end{pmatrix} \quad \text{bzw.} \quad \vec{a} - \vec{b} = \begin{pmatrix} a_1 \\ a_2 \\ a_3 \end{pmatrix} - \begin{pmatrix} b_1 \\ b_2 \\ b_3 \end{pmatrix} = \begin{pmatrix} a_1 - b_1 \\ a_2 - b_2 \\ a_3 - b_3 \end{pmatrix}$$

Skalare Multiplikation
Ein Vektor $\vec{a}$ wird mit einem Skalar $r \in \mathbb{R}$ multipliziert, indem jede Koordinate von $\vec{a}$ mit r multipliziert wird:

$$r \cdot \vec{a} = r \cdot \begin{pmatrix} a_1 \\ a_2 \\ a_3 \end{pmatrix} = \begin{pmatrix} r \cdot a_1 \\ r \cdot a_2 \\ r \cdot a_3 \end{pmatrix}$$

Spezialfall: $-1 \cdot \vec{a} = -\vec{a}$ Gegenvektor von $\vec{a}$

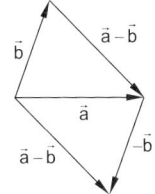
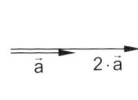

2.2 Skalarprodukt

Das Skalarprodukt $\vec{a} \circ \vec{b}$ zweier Vektoren $\vec{a}$ und $\vec{b}$ ist eine Zahl und wird folgendermaßen berechnet:

$$\vec{a} \circ \vec{b} = \begin{pmatrix} a_1 \\ a_2 \\ a_3 \end{pmatrix} \circ \begin{pmatrix} b_1 \\ b_2 \\ b_3 \end{pmatrix} = a_1 b_1 + a_2 b_2 + a_3 b_3$$

Anwendungen des Skalarprodukts:
- Berechnung der Länge (des Betrags) eines Vektors $\vec{a}$:

$$|\vec{a}| = \sqrt{\vec{a} \circ \vec{a}} = \sqrt{a_1^2 + a_2^2 + a_3^2}$$

- Überprüfung, ob zwei Vektoren $\vec{a}$ und $\vec{b}$ senkrecht zueinander sind:

$$\vec{a} \perp \vec{b} \iff \vec{a} \circ \vec{b} = 0 \quad (\vec{a} \neq \vec{o}, \vec{b} \neq \vec{o})$$

- Berechnung des Winkels γ zwischen zwei Vektoren $\vec{a}$ und $\vec{b}$:

$$\cos \gamma = \frac{\vec{a} \circ \vec{b}}{|\vec{a}| \cdot |\vec{b}|} \quad (\vec{a} \neq \vec{o}, \vec{b} \neq \vec{o})$$

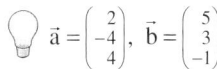 $\vec{a} = \begin{pmatrix} 2 \\ -4 \\ 4 \end{pmatrix}, \quad \vec{b} = \begin{pmatrix} 5 \\ 3 \\ -1 \end{pmatrix}$

Länge der Vektoren:

$$|\vec{a}| = \sqrt{2^2 + (-4)^2 + 4^2} = \sqrt{36} = 6 \qquad |\vec{b}| = \sqrt{5^2 + 3^2 + (-1)^2} = \sqrt{35}$$

Skalarprodukt:

$$\vec{a} \circ \vec{b} = \begin{pmatrix} 2 \\ -4 \\ 4 \end{pmatrix} \circ \begin{pmatrix} 5 \\ 3 \\ -1 \end{pmatrix} = 2 \cdot 5 + (-4) \cdot 3 + 4 \cdot (-1) = -6 \neq 0 \quad \Rightarrow \quad \vec{a} \not\perp \vec{b}$$

Winkel:

$$\cos \gamma = \frac{-6}{6 \cdot \sqrt{35}} = -\frac{1}{\sqrt{35}} \quad \Rightarrow \quad \gamma = \cos^{-1}\left(-\frac{1}{\sqrt{35}}\right) \approx 99,73°$$

2.3 **Vektorprodukt** (nur LK)

Das Vektorprodukt $\vec{a} \times \vec{b}$ zweier Vektoren $\vec{a}$ und $\vec{b}$ ist wieder ein Vektor und wird folgendermaßen berechnet:

$$\vec{a} \times \vec{b} = \begin{pmatrix} a_1 \\ a_2 \\ a_3 \end{pmatrix} \times \begin{pmatrix} b_1 \\ b_2 \\ b_3 \end{pmatrix} = \begin{pmatrix} a_2 b_3 - a_3 b_2 \\ a_3 b_1 - a_1 b_3 \\ a_1 b_2 - a_2 b_1 \end{pmatrix}$$

Anwendungen des Vektorprodukts:

- Ermittlung eines zu zwei Vektoren $\vec{a}$ und $\vec{b}$ senkrecht stehenden Vektors $\vec{c}$:

  $\vec{c} = \vec{a} \times \vec{b}$ mit $\vec{c} \perp \vec{a}$ und $\vec{c} \perp \vec{b}$

- Berechnung des Flächeninhalts eines Parallelogramms oder Dreiecks:

  $A_{\text{Parallelogramm}} = \left| \vec{a} \times \vec{b} \right|$

  $A_{\text{Dreieck}} = \frac{1}{2} \cdot \left| \vec{a} \times \vec{b} \right|$

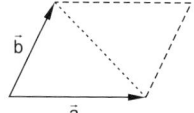

- Berechnung des Volumens eines Spats:

  $V_{\text{Spat}} = \left| \vec{a} \circ (\vec{b} \times \vec{c}) \right|$

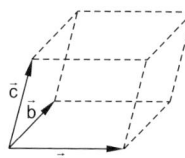

- Berechnung des Volumens einer vierseitigen Pyramide ABCDS, deren Grundfläche ein Parallelogramm ist:

  $V_{\text{vierseitige Pyramide}} = \frac{1}{3} \cdot \left| \vec{a} \circ (\vec{b} \times \vec{c}) \right|$

- Berechnung des Volumens einer dreiseitigen Pyramide ABCS:

  $V_{\text{dreiseitige Pyramide}} = \frac{1}{6} \cdot \left| \vec{a} \circ (\vec{b} \times \vec{c}) \right|$

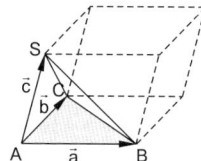

$$\vec{a} = \begin{pmatrix} 2 \\ -4 \\ 4 \end{pmatrix}, \ \vec{b} = \begin{pmatrix} 5 \\ 3 \\ -1 \end{pmatrix}$$

Vektorprodukt:

$$\vec{c} = \begin{pmatrix} 2 \\ -4 \\ 4 \end{pmatrix} \times \begin{pmatrix} 5 \\ 3 \\ -1 \end{pmatrix} = \begin{pmatrix} -4 \cdot (-1) - 4 \cdot 3 \\ 4 \cdot 5 - 2 \cdot (-1) \\ 2 \cdot 3 - (-4) \cdot 5 \end{pmatrix} = \begin{pmatrix} -8 \\ 22 \\ 26 \end{pmatrix} \ \Rightarrow \ \vec{c} \perp \vec{a} \ \text{und} \ \vec{c} \perp \vec{b}$$

Flächeninhalt:

$$A_{\text{Parallelogramm}} = \left| \vec{a} \times \vec{b} \right| = \sqrt{(-8)^2 + 22^2 + 26^2} = \sqrt{1\,224} \approx 34{,}99$$

$$A_{\text{Dreieck}} = \tfrac{1}{2} \cdot \left| \vec{a} \times \vec{b} \right| = \tfrac{1}{2} \cdot \sqrt{1\,224} \approx 17{,}49$$

Volumen des Spats, der von $\vec{a}$, $\vec{b}$ und $\vec{d} = \begin{pmatrix} -1 \\ 0 \\ 4 \end{pmatrix}$ aufgespannt wird:

$$V = \left| \vec{d} \circ (\vec{a} \times \vec{b}) \right| = \left| \begin{pmatrix} -1 \\ 0 \\ 4 \end{pmatrix} \circ \left[\begin{pmatrix} 2 \\ -4 \\ 4 \end{pmatrix} \times \begin{pmatrix} 5 \\ 3 \\ -1 \end{pmatrix} \right] \right| = \left| \begin{pmatrix} -1 \\ 0 \\ 4 \end{pmatrix} \circ \begin{pmatrix} -8 \\ 22 \\ 26 \end{pmatrix} \right|$$

$$= \left| (-1) \cdot (-8) + 0 \cdot 22 + 4 \cdot 26 \right| = 112$$

3 Geraden und Ebenen

3.1 Parameterform von Geraden und Ebenen

Eine Gerade kann beschrieben werden durch eine Gleichung der Form:
g: $\vec{X} = \vec{a} + r \cdot \vec{u}$; $r \in \mathbb{R}$ (Parameterform)
Dabei heißt A Aufpunkt und $\vec{u}$ Richtungsvektor der Geraden.

Eine Gerade g wird eindeutig bestimmt durch:
- zwei Punkte A und B: g: $\vec{X} = \vec{a} + r \cdot \overrightarrow{AB}$; $r \in \mathbb{R}$
- einen Punkt A und einen Vektor $\vec{u}$: g: $\vec{X} = \vec{a} + r \cdot \vec{u}$; $r \in \mathbb{R}$

Eine Ebene kann beschrieben werden durch eine Gleichung der Form
E: $\vec{x} = \vec{a} + r \cdot \vec{u} + s \cdot \vec{v}$ (Parameterform der Ebenengleichung),
wobei $\vec{u}$ und $\vec{v}$ nicht parallel sind. A ist der Aufpunkt und $\vec{u}$ sowie $\vec{v}$ sind die Richtungsvektoren der Ebene.

Bemerkung: Der Ortsvektor $\vec{a}$ wird auch oft als $\overrightarrow{OA}$ geschrieben.

Eine Ebene E wird eindeutig bestimmt durch:

- drei Punkte A, B und C:

  E: $\vec{x} = \vec{a} + r \cdot \overrightarrow{AB} + s \cdot \overrightarrow{AC}$; $r, s \in \mathbb{R}$

  (Dreipunkteform der Ebenengleichung)

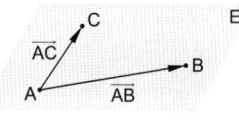

- einen Punkt A und zwei linear unabhängige Vektoren $\vec{u}$ und $\vec{v}$:

  E: $\vec{x} = \vec{a} + r \cdot \vec{u} + s \cdot \vec{v}$; $r, s \in \mathbb{R}$

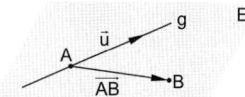

- eine Gerade g: $\vec{x} = \vec{a} + r \cdot \vec{u}$ und einen Punkt $B \notin g$:

  E: $\vec{x} = \vec{a} + r \cdot \vec{u} + s \cdot \overrightarrow{AB}$; $r, s \in \mathbb{R}$

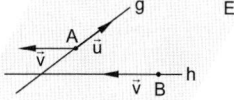

- zwei sich schneidende Geraden g: $\vec{x} = \vec{a} + r \cdot \vec{u}$ und h: $\vec{x} = \vec{b} + s \cdot \vec{v}$:

  E: $\vec{x} = \vec{a} + r \cdot \vec{u} + s \cdot \vec{v}$; $r, s \in \mathbb{R}$

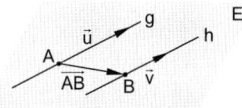

- zwei echt parallele Geraden g: $\vec{x} = \vec{a} + r \cdot \vec{u}$ und h: $\vec{x} = \vec{b} + s \cdot \vec{v}$:

  E: $\vec{x} = \vec{a} + r \cdot \vec{u} + s \cdot \overrightarrow{AB}$; $r, s \in \mathbb{R}$

3.2 Normalenform / Koordinatenform einer Ebene

Ein Vektor $\vec{n} = \begin{pmatrix} n_1 \\ n_2 \\ n_3 \end{pmatrix}$, der senkrecht auf einer Ebene E steht, heißt **Normalenvektor** der Ebene E. Damit lässt sich die Gleichung der Ebene, die den Punkt A enthält, in der Normalenform schreiben:

E: $\vec{n} \circ (\vec{x} - \vec{a}) = 0$ (Punkt-Normalenform der Ebenengleichung)

Ausmultiplizieren führt zu:

E: $\vec{n} \circ \vec{x} - \vec{n} \circ \vec{a} = 0$ (Allgemeine Normalenform)

E: $\vec{n} \circ \vec{x} - d = 0$

bzw.

E: $n_1 x_1 + n_2 x_2 + n_3 x_3 = d$ (Koordinatenform der Ebenengleichung)

Lage von Geraden und Ebenen bezüglich der Koordinatenebenen

Die Koordinatenform bzw. die Normalenform für die jeweilige Koordinatenebene lautet:

- x_1x_2-Ebene: $\quad x_3 = 0 \quad \begin{pmatrix} 0 \\ 0 \\ 1 \end{pmatrix} \circ \vec{x} = 0$

- x_1x_3-Ebene: $\quad x_2 = 0 \quad \begin{pmatrix} 0 \\ 1 \\ 0 \end{pmatrix} \circ \vec{x} = 0$

- x_2x_3-Ebene: $\quad x_1 = 0 \quad \begin{pmatrix} 1 \\ 0 \\ 0 \end{pmatrix} \circ \vec{x} = 0$

Eine Gerade verläuft parallel zu einer Koordinatenebene, wenn das Skalarprodukt aus dem Normalenvektor der Koordinatenebene und dem Richtungsvektor der Geraden gleich null ist.

Eine Ebene verläuft parallel zu einer Koordinatenebene, wenn der Normalenvektor der Koordinatenebene und der Normalenvektor der Ebene parallel sind.

3.3 Umwandlung: Parameterform ↔ Normalenform / Koordinatenform

Parameterform → Normalenform / Koordinatenform

E: $\vec{x} = \vec{a} + r \cdot \vec{u} + s \cdot \vec{v}$; $r, s \in \mathbb{R}$

Vorgehensweise

Schritt 1:

Möglichkeit 1:

Normalenvektor der Ebene mithilfe des Skalarproduktes ermitteln:
$\vec{n} \circ \vec{u} = 0$ und $\vec{n} \circ \vec{v} = 0$

Möglichkeit 2 (nur LK):

Normalenvektor der Ebene mithilfe des Vektorprodukts der Richtungsvektoren ermitteln: $\vec{n} = \vec{u} \times \vec{v}$

Schritt 2: Normalenform der Ebene mithilfe des Aufpunktes A (aus der Parameterform der Ebene) und des Normalenvektors $\vec{n}$ angeben:
$\vec{n} \circ (\vec{x} - \vec{a}) = 0$ bzw. $n_1 x_1 + n_2 x_2 + n_3 x_3 = d$

💡 E: $\vec{x} = \begin{pmatrix} 2 \\ -1 \\ 0 \end{pmatrix} + r \cdot \begin{pmatrix} 1 \\ 0 \\ -1 \end{pmatrix} + s \cdot \begin{pmatrix} 1 \\ 1 \\ 1 \end{pmatrix}$; $r, s \in \mathbb{R}$

Schritt 1:
Möglichkeit 1:

I $\quad \vec{n} \circ \vec{u} = 0 \quad \Leftrightarrow \quad \begin{pmatrix} n_1 \\ n_2 \\ n_3 \end{pmatrix} \circ \begin{pmatrix} 1 \\ 0 \\ -1 \end{pmatrix} = 0 \quad \Leftrightarrow \quad n_1 - n_3 = 0$

II $\quad \vec{n} \circ \vec{v} = 0 \quad \Leftrightarrow \quad \begin{pmatrix} n_1 \\ n_2 \\ n_3 \end{pmatrix} \circ \begin{pmatrix} 1 \\ 1 \\ 1 \end{pmatrix} = 0 \quad \Leftrightarrow \quad n_1 + n_2 + n_3 = 0$

I + II: $2n_1 + n_2 = 0 \quad \Leftrightarrow \quad n_2 = -2n_1$

Wähle $n_1 = 1 \quad \Rightarrow \quad n_2 = -2$, $n_3 = 1 \quad \Rightarrow \quad \vec{n} = \begin{pmatrix} 1 \\ -2 \\ 1 \end{pmatrix}$

Möglichkeit 2 (nur LK):

$\vec{n} = \begin{pmatrix} 1 \\ 0 \\ -1 \end{pmatrix} \times \begin{pmatrix} 1 \\ 1 \\ 1 \end{pmatrix} = \begin{pmatrix} 0 - (-1) \\ -1 - 1 \\ 1 - 0 \end{pmatrix} = \begin{pmatrix} 1 \\ -2 \\ 1 \end{pmatrix}$

Schritt 2:

E: $\begin{pmatrix} 1 \\ -2 \\ 1 \end{pmatrix} \circ \vec{x} - \begin{pmatrix} 1 \\ -2 \\ 1 \end{pmatrix} \circ \begin{pmatrix} 2 \\ -1 \\ 0 \end{pmatrix} = 0 \quad \Leftrightarrow \quad x_1 - 2x_2 + x_3 = 4$

Normalenform / Koordinatenform → Parameterform

Vorgehensweise 1

Schritt 1: Bestimmen von drei Punkten der Ebene, die nicht auf einer Geraden liegen

Schritt 2: Aufstellen der Dreipunkteform der Ebenengleichung

Bemerkung: Günstig ist es, wenn möglich, die Schnittpunkte der Ebene mit den Koordinatenachsen zu wählen, da hier sichergestellt ist, dass die Punkte nicht auf einer Geraden liegen.

Vorgehensweise 2

Schritt 1: Normalenform nach einer Koordinate auflösen, z. B. x_3

Schritt 2: Die zwei freien Koordinaten mit Parametern besetzen, z. B.: $x_1 = r$ und $x_2 = s$; $r, s \in \mathbb{R}$

Schritt 3: Gleichung der Ebene E in Parameterform schreiben:

E: $\vec{x} = \begin{pmatrix} x_1 \\ x_2 \\ x_3 \end{pmatrix} = \vec{a} + r \cdot \vec{u} + s \cdot \vec{v}$; $r, s \in \mathbb{R}$

E: $7x_1 + 4x_2 - x_3 + 11 = 0$

Vorgehensweise 1

Schritt 1:

$A(0|0|11)$, $B\left(-\frac{11}{7} \mid 0 \mid 0\right)$, $C\left(0 \mid -\frac{11}{4} \mid 0\right)$

Schritt 2:

E: $\vec{x} = \vec{a} + r \cdot \overrightarrow{AB} + s \cdot \overrightarrow{AC}$

E: $\vec{x} = \begin{pmatrix} 0 \\ 0 \\ 11 \end{pmatrix} + r' \cdot \begin{pmatrix} -\frac{11}{7} \\ 0 \\ -11 \end{pmatrix} + s' \cdot \begin{pmatrix} 0 \\ -\frac{11}{4} \\ -11 \end{pmatrix} = \begin{pmatrix} 0 \\ 0 \\ 11 \end{pmatrix} + r \cdot \begin{pmatrix} 1 \\ 0 \\ 7 \end{pmatrix} + s \cdot \begin{pmatrix} 0 \\ 1 \\ 4 \end{pmatrix}$; $r, s \in \mathbb{R}$

Vorgehensweise 2

Schritt 1:

$7x_1 + 4x_2 - x_3 + 11 = 0 \iff x_3 = 11 + 7x_1 + 4x_2$

Schritt 2:

$x_1 = r$, $x_2 = s$ mit $r, s \in \mathbb{R} \implies x_3 = 11 + 7r + 4s$

Schritt 3:

E: $\vec{x} = \begin{pmatrix} x_1 \\ x_2 \\ x_3 \end{pmatrix} = \begin{pmatrix} r \\ s \\ 11 + 7r + 4s \end{pmatrix} = \begin{pmatrix} 0 + r + 0 \\ 0 + 0 + s \\ 11 + 7r + 4s \end{pmatrix} = \begin{pmatrix} 0 \\ 0 \\ 11 \end{pmatrix} + r \cdot \begin{pmatrix} 1 \\ 0 \\ 7 \end{pmatrix} + s \cdot \begin{pmatrix} 0 \\ 1 \\ 4 \end{pmatrix}$; $r, s \in \mathbb{R}$

3.4 Hesse'sche Normalenform

Der **Normaleneinheitsvektor** $\vec{n}_0$ einer Ebene E ist ein Normalenvektor der Länge 1, d. h. $\vec{n}_0 = \frac{\vec{n}}{|\vec{n}|}$ für einen Normalenvektor $\vec{n}$ der Ebene.

Die entsprechende Normalenform der Ebene E heißt **Hesse'sche Normalenform** oder kurz **HNF**:

E: $\vec{n}_0 \cdot (\vec{x} - \vec{a}) = 0$

bzw. als Koordinatengleichung:

E: $\frac{n_1 x_1 + n_2 x_2 + n_3 x_3 - d}{|\vec{n}|} = 0$ mit $d = n_1 a_1 + n_2 a_2 + n_3 a_3$

Die HNF einer Ebene ist hilfreich zur Bestimmung von Abständen bezüglich dieser Ebene (vgl. Abschnitt 5.1).

3.5 Projektionen

Zentralprojektion
Bei der Zentralprojektion gehen die Projektionsstrahlen von einem festen Punkt L aus, berühren die Ecken und Kanten eines Körpers, treffen dann auf die Projektionsebene und bilden dort den Gegenstand ab.

Parallelprojektion
Bei der Parallelprojektion verlaufen die Projektionsstrahlen parallel zueinander, berühren die Ecken und Kanten eines Körpers, treffen dann auf die Projektionsebene und bilden dort den Gegenstand ab. Ein Sonderfall der Parallelprojektion ist die senkrechte Parallelprojektion, bei der die Projektionsstrahlen senkrecht auf die Projektionsfläche treffen.

1. Bestimmen Sie die Lage des Schattens des Punktes $A(2,5|2,5|5)$, der durch den Vektor $\vec{v} = \begin{pmatrix} 3 \\ -1 \\ -5 \end{pmatrix}$ auf der $x_1 x_2$-Ebene entsteht.

   Projektionsgerade durch den Punkt A:

   $$p_A: \vec{x} = \begin{pmatrix} 2,5 \\ 2,5 \\ 5 \end{pmatrix} + r \cdot \begin{pmatrix} 3 \\ -1 \\ -5 \end{pmatrix}; \ r \in \mathbb{R}$$

   Alle Punkte der $x_1 x_2$-Ebene haben folgende Eigenschaft: $x_3 = 0$
   Durch Nullsetzen der dritten Koordinate der Projektionsgeraden erhält man:
   $5 - 5r = 0 \ \Leftrightarrow \ r = 1 \ \Rightarrow \ A'(5,5|1,5|0)$

2. Bestimmen Sie die Lage des Schattens des Punktes $B(2|1|5)$, der ausgehend vom Punkt $L(8|5|7)$ auf der $x_2 x_3$-Ebene entsteht.

   Der von L ausgehende Lichtstrahl durch den Punkt B hat folgende Gleichung:

   $$g_{LB}: \vec{x} = \begin{pmatrix} 8 \\ 5 \\ 7 \end{pmatrix} + s \cdot \begin{pmatrix} -6 \\ -4 \\ -2 \end{pmatrix}; \ s \geq 0$$

   Alle Punkte der $x_2 x_3$-Ebene haben folgende Eigenschaft: $x_1 = 0$
   Durch Nullsetzen der ersten Koordinate der Geraden erhält man:
   $8 - 6s = 0 \ \Leftrightarrow \ s = \frac{4}{3} \ \Rightarrow \ B'\left(0 \ \middle| \ -\frac{1}{3} \ \middle| \ \frac{13}{3}\right)$

4 Lagebeziehungen zwischen geometrischen Objekten

4.1 Lage zweier Geraden

Für die gegenseitige Lage zweier Geraden

g: $\vec{x} = \vec{a} + r \cdot \vec{u}$; $r \in \mathbb{R}$ und h: $\vec{x} = \vec{b} + s \cdot \vec{v}$; $s \in \mathbb{R}$

gibt es vier verschiedene Möglichkeiten:

- g und h schneiden sich in einem Punkt.
- g und h verlaufen (echt) parallel.
- g und h sind identisch.
- g und h verlaufen windschief zueinander.

Schema zur rechnerischen Untersuchung dieser Lagebeziehungen:

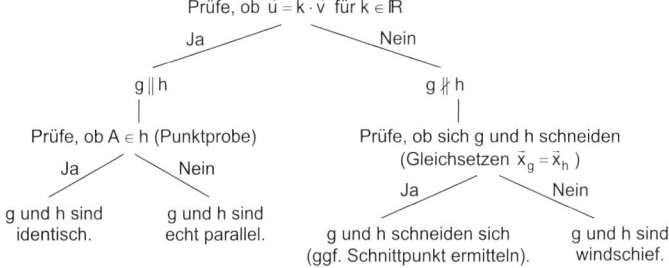

Untersuchen Sie die Lagebeziehung der beiden Geraden

g: $\vec{x} = \begin{pmatrix} 2 \\ 1 \\ 5 \end{pmatrix} + r \cdot \begin{pmatrix} 1 \\ -2 \\ 1 \end{pmatrix}$; $r \in \mathbb{R}$ und h: $\vec{x} = \begin{pmatrix} -8 \\ 1 \\ 3 \end{pmatrix} + s \cdot \begin{pmatrix} 3 \\ 4 \\ -1 \end{pmatrix}$; $s \in \mathbb{R}$

und bestimmen Sie gegebenenfalls den Schnittpunkt S.

Schritt 1: Prüfen, ob die beiden Geraden parallel sind, also ob $\vec{u} = k \cdot \vec{v}$ für ein $k \in \mathbb{R}$

$\begin{pmatrix} 1 \\ -2 \\ 1 \end{pmatrix} = k \cdot \begin{pmatrix} 3 \\ 4 \\ -1 \end{pmatrix} \Rightarrow \left. \begin{matrix} 1 = 3k \Rightarrow k = \frac{1}{3} \\ -2 = 4k \Rightarrow k = -\frac{1}{2} \\ 1 = -k \Rightarrow k = -1 \end{matrix} \right\}$ Widerspruch

$\Rightarrow$ g ∦ h (g und h sind nicht parallel.)

Schritt 2: Prüfen, ob g und h einen Schnittpunkt besitzen
(Allgemeine Ortsvektoren der Geraden gleichsetzen und das resultierende lineare Gleichungssystem auf Lösbarkeit untersuchen)

$$\vec{x}_g = \vec{x}_h \iff \begin{pmatrix} 2 \\ 1 \\ 5 \end{pmatrix} + r \cdot \begin{pmatrix} 1 \\ -2 \\ 1 \end{pmatrix} = \begin{pmatrix} -8 \\ 1 \\ 3 \end{pmatrix} + s \cdot \begin{pmatrix} 3 \\ 4 \\ -1 \end{pmatrix}$$

$$\implies \begin{cases} \text{I} & 2 + r = -8 + 3s \implies r = -10 + 3s \quad (*) \\ \text{II} & 1 - 2r = 1 + 4s \\ \text{III} & 5 + r = 3 - s \end{cases}$$

$(*)$ in III: $\quad 5 - 10 + 3s = 3 - s \implies 4s = 8 \implies s = 2$

$s = 2$ in $(*)$: $\quad r = -10 + 6 = -4$

Beides in II: $\quad 1 - 2 \cdot (-4) = 1 + 4 \cdot 2 \iff 9 = 9 \quad$ wahre Aussage

$\implies$ g und h schneiden sich.

Schritt 3: Berechnen der Koordinaten des Schnittpunktes S
Einsetzen von $r = -4$ in die Gleichung von g (oder $s = 2$ in h):

$$\vec{s} = \begin{pmatrix} 2 \\ 1 \\ 5 \end{pmatrix} - 4 \cdot \begin{pmatrix} 1 \\ -2 \\ 1 \end{pmatrix} = \begin{pmatrix} -2 \\ 9 \\ 1 \end{pmatrix} \implies S(-2 \mid 9 \mid 1)$$

4.2 Lage einer Geraden zu einer Ebene

Für die gegenseitige Lage einer Geraden g: $\vec{x} = \vec{a} + r \cdot \vec{u}$; $r \in \mathbb{R}$ und einer Ebene E: $\vec{n} \circ (\vec{x} - \vec{b}) = 0$ gibt es drei verschiedene Möglichkeiten:
- g und E schneiden sich in einem Punkt.
- g und E verlaufen (echt) parallel.
- g liegt (vollständig) in der Ebene E.

Schema zur rechnerischen Untersuchung dieser Lagebeziehungen:

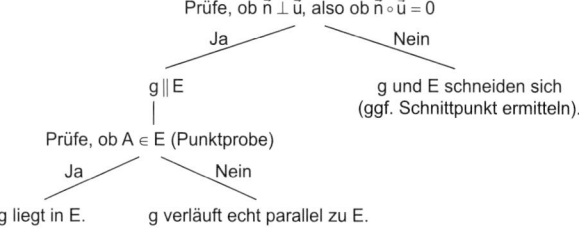

Gegeben sind die Ebene E: $x_1 - 2x_2 - 2 = 0$ sowie die Gerade

g: $\vec{x} = \begin{pmatrix} 2 \\ -4 \\ 2 \end{pmatrix} + r \cdot \begin{pmatrix} 6 \\ 3 \\ -5 \end{pmatrix}$; $r \in \mathbb{R}$.

Untersuchen Sie die Lagebeziehung der Geraden g zur Ebene E und ermitteln Sie gegebenenfalls den Schnittpunkt S.

Schritt 1: Prüfen, ob die Gerade und die Ebene parallel sind, d. h., ob der Normalenvektor von E und der Richtungsvektor von g senkrecht zueinander stehen, also ob $\vec{n} \circ \vec{u} = 0$

$$\vec{n} \circ \vec{u} = \begin{pmatrix} 1 \\ -2 \\ 0 \end{pmatrix} \circ \begin{pmatrix} 6 \\ 3 \\ -5 \end{pmatrix} = 6 - 6 + 0 = 0 \implies g \parallel E$$

Schritt 2: Prüfen, ob g und E echt parallel sind oder g in E liegt
Einsetzen der Koordinaten des Aufpunktes von g in die Gleichung von E:

$2 - 2 \cdot (-4) - 2 = 0 \iff 8 = 0$ Widerspruch

$\implies$ g und E verlaufen echt parallel zueinander.

4.3 Lage zweier Ebenen

Für die gegenseitige Lage zweier Ebenen
E: $\vec{x} = \vec{a} + r \cdot \vec{u} + s \cdot \vec{v}$; $r, s \in \mathbb{R}$ E: $\vec{n} \circ (\vec{x} - \vec{a}) = 0$
                                       oder
F: $\vec{m} \circ (\vec{x} - \vec{b}) = 0$ F: $\vec{m} \circ (\vec{x} - \vec{b}) = 0$

gibt es drei verschiedene Möglichkeiten:
- E und F schneiden sich in einer Geraden.
- E und F verlaufen (echt) parallel.
- E und F sind identisch.

Schema zur rechnerischen Untersuchung dieser Lagebeziehungen:

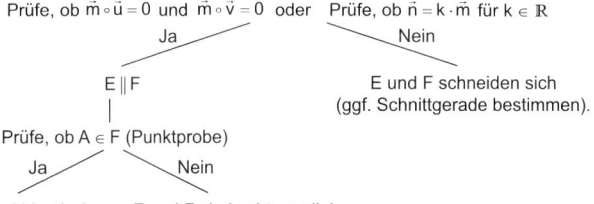

Möglichkeit 1: Eine Ebene liegt in Parameterform, die andere in Normalenform/Koordinatenform vor.

Untersuchen Sie die Lagebeziehung der beiden Ebenen

$E: \vec{x} = \begin{pmatrix} 3 \\ -1 \\ 4 \end{pmatrix} + r \cdot \begin{pmatrix} -1 \\ 4 \\ -1 \end{pmatrix} + s \cdot \begin{pmatrix} 1 \\ -2 \\ -5 \end{pmatrix}; \ r, s \in \mathbb{R}$ und

$F: 4x_1 + 3x_2 - x_3 + 1 = 0$

und bestimmen Sie gegebenenfalls die Schnittgerade s.

Schritt 1: Prüfen, ob die beiden Ebenen parallel sind, d. h., ob der Normalenvektor von F senkrecht auf den Richtungsvektoren von E steht, also ob $\vec{m} \circ \vec{u} = 0$ und $\vec{m} \circ \vec{v} = 0$

$\vec{m} \circ \vec{u} = \begin{pmatrix} 4 \\ 3 \\ -1 \end{pmatrix} \circ \begin{pmatrix} -1 \\ 4 \\ -1 \end{pmatrix} = -4 + 12 + 1 = 9 \neq 0$

$\Rightarrow$ E ∦ F (E und F sind nicht parallel.)

$\Rightarrow$ E und F schneiden sich in einer Geraden.

Schritt 2: Ermitteln der Gleichung der Schnittgeraden s
Einsetzen der einzelnen Koordinaten von E in die Gleichung von F:

$E: \vec{x} = \begin{pmatrix} x_1 \\ x_2 \\ x_3 \end{pmatrix} = \begin{pmatrix} 3 - r + s \\ -1 + 4r - 2s \\ 4 - r - 5s \end{pmatrix}$ in $F: 4x_1 + 3x_2 - x_3 + 1 = 0$

$4 \cdot (3 - r + s) + 3 \cdot (-1 + 4r - 2s) - (4 - r - 5s) + 1 = 0$
$12 - 4r + 4s - 3 + 12r - 6s - 4 + r + 5s + 1 = 0$
$6 + 9r + 3s = 0$
$3s = -6 - 9r$
$s = -2 - 3r$

Einsetzen von $s = -2 - 3r$ in die Gleichung von E:

$s: \vec{x} = \begin{pmatrix} 3 \\ -1 \\ 4 \end{pmatrix} + r \cdot \begin{pmatrix} -1 \\ 4 \\ -1 \end{pmatrix} + (-2 - 3r) \cdot \begin{pmatrix} 1 \\ -2 \\ -5 \end{pmatrix}$

$= \begin{pmatrix} 3 \\ -1 \\ 4 \end{pmatrix} + r \cdot \begin{pmatrix} -1 \\ 4 \\ -1 \end{pmatrix} + \begin{pmatrix} -2 \\ 4 \\ 10 \end{pmatrix} + r \cdot \begin{pmatrix} -3 \\ 6 \\ 15 \end{pmatrix}$

$= \begin{pmatrix} 1 \\ 3 \\ 14 \end{pmatrix} + r \cdot \begin{pmatrix} -4 \\ 10 \\ 14 \end{pmatrix}; \ r \in \mathbb{R}$

Möglichkeit 2: Beide Ebenengleichungen liegen in Koordinatenform vor.

Untersuchen Sie die Lagebeziehung der beiden Ebenen
$E: 11x_1 + 3x_2 + x_3 = 34$ und $F: 4x_1 + 3x_2 - x_3 = 1$
und bestimmen Sie gegebenenfalls die Schnittgerade s.

Schritt 1: Prüfen, ob die beiden Ebenen parallel sind, also ob für die Normalenvektoren der Ebenen $\vec{n}$ und $\vec{m}$ gilt: $\vec{n} = k \cdot \vec{m}$ für $k \in \mathbb{R}$

$$\begin{pmatrix} 11 \\ 3 \\ 1 \end{pmatrix} = k \cdot \begin{pmatrix} 4 \\ 3 \\ -1 \end{pmatrix} \implies \left. \begin{cases} k = \frac{11}{4} \\ k = 1 \\ k = -1 \end{cases} \right\} \quad \text{Widerspruch}$$

$\implies E \nparallel F$ (E und F sind nicht parallel.)

Schritt 2: Ermitteln der Gleichung der Schnittgeraden s
Auflösen des aus beiden Ebenengleichungen bestehenden linearen Gleichungssystems nach einer Koordinate (hier in Abhängigkeit von x_1):

$E: 11x_1 + 3x_2 + x_3 = 34$ (I)
$F: 4x_1 + 3x_2 - x_3 = 1$ (II)

$I - II: \quad 7x_1 + 2x_3 = 33 \iff x_3 = \frac{33}{2} - \frac{7}{2} x_1$

$I + II: \quad 15x_1 + 6x_2 = 35 \iff x_2 = \frac{35}{6} - \frac{5}{2} x_1$

$$x_1 = x_1$$

Umformen der Koordinatengleichungen zur Geradengleichung:

$$s: \vec{x} = \begin{pmatrix} x_1 \\ x_2 \\ x_3 \end{pmatrix} = \begin{pmatrix} 0 + x_1 \\ \frac{35}{6} - \frac{5}{2} x_1 \\ \frac{33}{2} - \frac{7}{2} x_1 \end{pmatrix} = \begin{pmatrix} 0 \\ \frac{35}{6} \\ \frac{33}{2} \end{pmatrix} + x_1 \begin{pmatrix} 1 \\ -\frac{5}{2} \\ -\frac{7}{2} \end{pmatrix} = \begin{pmatrix} 0 \\ \frac{35}{6} \\ \frac{33}{2} \end{pmatrix} + r \begin{pmatrix} -2 \\ 5 \\ 7 \end{pmatrix}$$

Bemerkung: Liegen beide Ebenen in Parameterform vor, so bietet es sich an, wenigstens eine Ebenengleichung in Koordinatenform umzuwandeln.

Lage paralleler Ebenen zum Ursprung

Die Ebenen $E: \vec{u} \circ \vec{x} - d_1 = 0$ und $F: \vec{u} \circ \vec{x} - d_2 = 0$ liegen auf derselben Seite des Ursprungs, wenn d_1 und d_2 das gleiche Vorzeichen haben.

4.4 Schnittwinkel

Ist der Schnittwinkel α zweier geometrischer Objekte gesucht, so ist der spitze Winkel zu berechnen, den diese beiden Objekte einschließen.

Schnittwinkel zwischen zwei Geraden

Der Schnittwinkel α zweier Geraden entspricht dem spitzen Winkel zwischen ihren Richtungsvektoren $\vec{u}$ und $\vec{v}$:

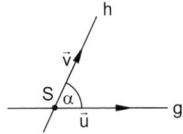

$$\cos\alpha = \frac{|\vec{u} \circ \vec{v}|}{|\vec{u}| \cdot |\vec{v}|} \quad (0° \leq \alpha \leq 90°)$$

Schnittwinkel zwischen Gerade und Ebene

Der Schnittwinkel α zwischen einer Geraden und einer Ebene entspricht dem Komplementärwinkel des spitzen Winkels zwischen Normalenvektor $\vec{n}$ und Richtungsvektor $\vec{u}$:

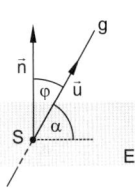

$$\cos\varphi = \frac{|\vec{n} \circ \vec{u}|}{|\vec{n}| \cdot |\vec{u}|} \quad \text{und} \quad \alpha = 90° - \varphi$$

oder $\quad \sin\alpha = \dfrac{|\vec{n} \circ \vec{u}|}{|\vec{n}| \cdot |\vec{u}|}$

Schnittwinkel zwischen zwei Ebenen

Der Schnittwinkel α zweier Ebenen entspricht dem spitzen Winkel zwischen ihren Normalenvektoren $\vec{n}$ und $\vec{m}$:

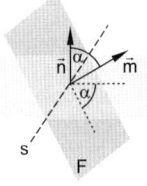

$$\cos\alpha = \frac{|\vec{n} \circ \vec{m}|}{|\vec{n}| \cdot |\vec{m}|}$$

 Bestimmen Sie den Schnittwinkel α der Ebene E: $x_1 - 2x_2 - 2 = 0$ mit der Geraden g: $\vec{x} = \begin{pmatrix} 2 \\ -4 \\ 2 \end{pmatrix} + r \cdot \begin{pmatrix} 0 \\ 2 \\ 1 \end{pmatrix}$; $r \in \mathbb{R}$.

$$\cos\varphi = \frac{\left| \begin{pmatrix} 1 \\ -2 \\ 0 \end{pmatrix} \circ \begin{pmatrix} 0 \\ 2 \\ 1 \end{pmatrix} \right|}{\left| \begin{pmatrix} 1 \\ -2 \\ 0 \end{pmatrix} \right| \cdot \left| \begin{pmatrix} 0 \\ 2 \\ 1 \end{pmatrix} \right|} = \frac{|0 - 4 + 0|}{\sqrt{1^2 + (-2)^2 + 0^2} \cdot \sqrt{0^2 + 2^2 + 1^2}} = \frac{4}{5} \quad \Rightarrow \quad \varphi \approx 36{,}87°$$

und $\alpha = 90° - \varphi = 53{,}13°$

oder $\quad \sin\alpha = \frac{4}{5} \quad \Rightarrow \quad \alpha \approx 53{,}13°$

Bemerkung: Beachten Sie, dass im Gegensatz zum Schnittwinkel von Geraden der Schnittwinkel zwischen Vektoren, z. B. bei der Berechnung der Innenwinkel im Dreieck, größer als 90° sein kann.

5 Abstände zwischen geometrischen Objekten

5.1 Abstand zu einer Ebene

Abstand Punkt – Ebene

Gegeben ist ein Punkt $P(p_1 | p_2 | p_3)$ und die Ebene E in Koordinatenform:

E: $n_1 x_1 + n_2 x_2 + n_3 x_3 = d$

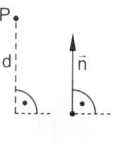

Vorgehensweise 1 (Lotfußpunktverfahren)

Schritt 1: Aufstellen der Gleichung der Lotgeraden ℓ (Aufpunkt P; Richtungsvektor $\vec{n}$)

$\ell: \vec{x} = \vec{p} + r \cdot \vec{n}, r \in \mathbb{R}$

Schritt 2: Bestimmung des Schnittpunktes F von Ebene und Lotgerade
$\ell \cap E = \{F\}$

Schritt 3: Berechnung des Abstandes $d(P; F) = d(P; E)$

Vorgehensweise 2 (Hesse'sche Normalenform)

$d(P; E) = \dfrac{|n_1 p_1 + n_2 p_2 + n_3 p_3 - d|}{|\vec{n}|}$ $\quad$ (vgl. Abschnitt 3.4)

Die Berechnung des Abstands einer Geraden zu einer parallel verlaufenden Ebene bzw. zweier paralleler Ebenen lässt sich jeweils zurückführen auf die Berechnung des Abstands eines Punktes zu einer Ebene.

Abstand Gerade – Ebene
Der Abstand einer zur Ebene E parallel
verlaufenden Geraden g zur Ebene E entspricht dem Abstand eines beliebigen
Punktes P der Geraden zur Ebene:
$d(g; E) = d(P; E)$ mit $P \in g$ beliebig

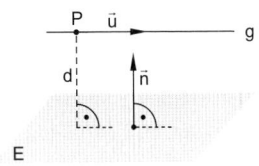

Abstand Ebene – Ebene
Der Abstand einer zur Ebene E parallel
verlaufenden Ebene F zur Ebene E entspricht dem Abstand eines beliebigen
Punktes P der Ebene F zur Ebene E:
$d(F; E) = d(P; E)$ mit $P \in F$ beliebig

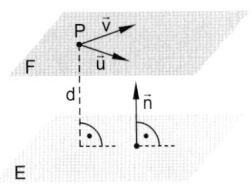

 Berechnen Sie den Abstand der beiden parallelen Ebenen
$E_1: -2x_1 + 2x_2 + x_3 = -9$ und

$$E_2: \vec{x} = \begin{pmatrix} 1 \\ 2 \\ 4 \end{pmatrix} + r \cdot \begin{pmatrix} 1 \\ 0 \\ 2 \end{pmatrix} + s \cdot \begin{pmatrix} 2 \\ 3 \\ -2 \end{pmatrix}; \; r, s \in \mathbb{R}.$$

Der Abstand der parallelen Ebenen entspricht dem Abstand des Aufpunktes $P(1 \mid 2 \mid 4)$ der Ebene E_2 zur Ebene E_1.

Vorgehensweise 1:
Schritt 1: Aufstellen der Gleichung der Lotgeraden

$$\ell: \vec{x} = \begin{pmatrix} 1 \\ 2 \\ 4 \end{pmatrix} + r \cdot \begin{pmatrix} -2 \\ 2 \\ 1 \end{pmatrix}; \; r \in \mathbb{R}$$

Schritt 2: Bestimmung des Schnittpunktes von Ebene und Lotgerade
$$-2(1 - 2r) + 2(2 + 2r) + (4 + r) = -9$$
$$-2 + 4r + 4 + 4r + 4 + r = -9$$
$$9r = -15$$
$$r = -\tfrac{5}{3}$$

$$\vec{f} = \begin{pmatrix} 1 \\ 2 \\ 4 \end{pmatrix} - \frac{5}{3} \begin{pmatrix} -2 \\ 2 \\ 1 \end{pmatrix} = \frac{1}{3} \begin{pmatrix} 13 \\ -4 \\ 7 \end{pmatrix}$$

Schritt 3: Abstandsberechnung

$$d(P; F) = \left| \frac{1}{3} \begin{pmatrix} 13 \\ -4 \\ 7 \end{pmatrix} - \begin{pmatrix} 1 \\ 2 \\ 4 \end{pmatrix} \right| = \left| \begin{pmatrix} \frac{10}{3} \\ -\frac{10}{3} \\ -\frac{5}{3} \end{pmatrix} \right| = \sqrt{\frac{100}{9} + \frac{100}{9} + \frac{25}{9}} = \sqrt{25} = 5\,[\text{LE}]$$

Vorgehensweise 2:

$$d(E_2; E_1) = d(P; E_1) = \frac{|-2 \cdot 1 + 2 \cdot 2 + 1 \cdot 4 + 9|}{\sqrt{(-2)^2 + 2^2 + 1^2}} = \frac{|15|}{\sqrt{9}} = \frac{15}{3} = 5\,[\text{LE}]$$

5.2 Abstand eines Punktes zu einer Geraden

Der Abstand eines Punktes P zu einer Geraden g entspricht der Länge des Lotes, das von P auf die Gerade gefällt wird. Zur Bestimmung dieses Abstands ermittelt man den Lotfußpunkt.

Vorgehensweise 1

Schritt 1: Gleichung einer Hilfsebene H aufstellen, die den Punkt P enthält und senkrecht auf der Geraden g steht

H: $\vec{u} \circ (\vec{x} - \vec{p}) = 0$

Schritt 2: Lotfußpunkt L als Schnittpunkt von g und H berechnen

Schritt 3: Abstand von P zu g als Abstand von P zu L berechnen (Länge des Lotes)

$d(P; g) = d(P; L) = \left| \overrightarrow{PL} \right|$

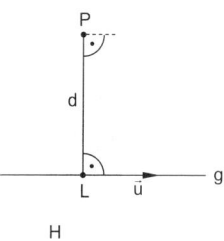

Vorgehensweise 2

Schritt 1: Verbindungsvektor $\overrightarrow{PL}$ aufstellen, wobei L zunächst ein allgemeiner Geradenpunkt von g ist (in Abhängigkeit von r)

Schritt 2: Parameter r aus der Bedingung $\overrightarrow{PL} \circ \vec{u} = 0$ bestimmen und Koordinaten des Lotfußpunktes L durch Einsetzen von r in die Gleichung von g berechnen

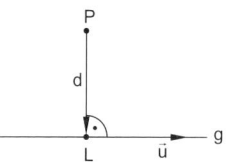

Schritt 3: Abstand von P zu g als Abstand von P zu L berechnen

$d(P; g) = d(P; L) = \left| \overrightarrow{PL} \right|$ (Länge des Lotes)

Bestimmen Sie den Abstand des Punktes P(−6 | 2 | 5) zur Geraden

g: $\vec{x} = \begin{pmatrix} 0 \\ 2 \\ 2 \end{pmatrix} + r \cdot \begin{pmatrix} 2 \\ -2 \\ 1 \end{pmatrix}$; $r \in \mathbb{R}$.

Vorgehensweise 1

Schritt 1:

H: $\begin{pmatrix} 2 \\ -2 \\ 1 \end{pmatrix} \circ \left(\vec{x} - \begin{pmatrix} -6 \\ 2 \\ 5 \end{pmatrix} \right) = 0$ bzw. H: $2x_1 - 2x_2 + x_3 + 11 = 0$

Schritt 2: Schnittpunkt von g und H berechnen

$2 \cdot (0 + 2r) - 2 \cdot (2 - 2r) + (2 + r) + 11 = 0$

$4r - 4 + 4r + 2 + r + 11 = 0$

$9r = -9$

$r = -1$

$\Rightarrow \quad \vec{\ell} = \begin{pmatrix} 0 \\ 2 \\ 2 \end{pmatrix} + (-1) \cdot \begin{pmatrix} 2 \\ -2 \\ 1 \end{pmatrix} = \begin{pmatrix} -2 \\ 4 \\ 1 \end{pmatrix} \quad \Rightarrow \quad$ L(−2 | 4 | 1)

Schritt 3:

$d(P; g) = \left| \overrightarrow{PL} \right| = \left| \begin{pmatrix} -2 \\ 4 \\ 1 \end{pmatrix} - \begin{pmatrix} -6 \\ 2 \\ 5 \end{pmatrix} \right| = \left| \begin{pmatrix} 4 \\ 2 \\ -4 \end{pmatrix} \right| = \sqrt{4^2 + 2^2 + (-4)^2}$

$= \sqrt{36} = 6 \, [\text{LE}]$

Vorgehensweise 2

Schritt 1:

$\overrightarrow{PL} = \begin{pmatrix} 0 + 2r \\ 2 - 2r \\ 2 + r \end{pmatrix} - \begin{pmatrix} -6 \\ 2 \\ 5 \end{pmatrix} = \begin{pmatrix} 6 + 2r \\ -2r \\ -3 + r \end{pmatrix}$

Schritt 2:

$\overrightarrow{PL} \circ \vec{u} = 0$

$\Leftrightarrow \quad \begin{pmatrix} 6 + 2r \\ -2r \\ -3 + r \end{pmatrix} \circ \begin{pmatrix} 2 \\ -2 \\ 1 \end{pmatrix} = 0$

$\Leftrightarrow \quad 12 + 4r + 4r - 3 + r = 0$

$\Leftrightarrow \quad 9r = -9$

$\Leftrightarrow \quad r = -1$

Die weitere Rechnung erfolgt analog zu Vorgehensweise 1.

Abstand paralleler Geraden

Die Berechnung des Abstands zweier paralleler Geraden lässt sich zurückführen auf die Berechnung des Abstands eines Punktes zu einer Geraden.

Der Abstand zweier parallel verlaufender Geraden g und h entspricht dem Abstand eines beliebigen Punktes P der Geraden h zur Geraden g:

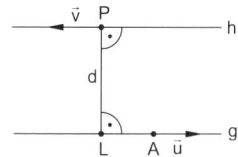

$d(h; g) = d(P; g)$ mit $P \in h$ beliebig

5.3 Abstand zweier windschiefer Geraden (nur LK)

Die Berechnung des Abstands zweier windschiefer Geraden g und h lässt sich zurückführen auf die Berechnung des Abstands eines beliebigen Punktes der einen Geraden zu einer Hilfsebene.

Vorgehensweise

Schritt 1: Gleichung einer Hilfsebene H, die die Gerade h enthält und parallel zur Geraden g liegt, in Normalenform aufstellen

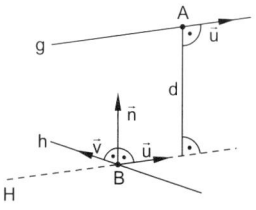

H: $(\vec{u} \times \vec{v}) \circ (\vec{x} - \vec{b}) = 0$

(mit $\vec{u}$ und $\vec{v}$ als Richtungsvektoren von g und h sowie B als Aufpunkt von h)

Schritt 2: Abstand von g zu h als Abstand eines Punktes der Geraden g zur Ebene H berechnen (vgl. Abschnitt 5.1)

$d(g; h) = d(A; H)$ mit $A \in g$ beliebig

 Bestimmen Sie den Abstand der beiden windschiefen Geraden

g: $\vec{x} = \begin{pmatrix} 4 \\ 1 \\ 3 \end{pmatrix} + r \cdot \begin{pmatrix} -2 \\ 2 \\ -1 \end{pmatrix}$ und

h: $\vec{x} = \begin{pmatrix} 5 \\ -1 \\ 0 \end{pmatrix} + s \cdot \begin{pmatrix} 2 \\ -3 \\ 2 \end{pmatrix}$; $r, s \in \mathbb{R}$.

Schritt 1:

$$\vec{n} = \begin{pmatrix} -2 \\ 2 \\ -1 \end{pmatrix} \times \begin{pmatrix} 2 \\ -3 \\ 2 \end{pmatrix} = \begin{pmatrix} 4-3 \\ -2-(-4) \\ 6-4 \end{pmatrix} = \begin{pmatrix} 1 \\ 2 \\ 2 \end{pmatrix}$$

$$H: \begin{pmatrix} 1 \\ 2 \\ 2 \end{pmatrix} \circ \left[\vec{x} - \begin{pmatrix} 5 \\ -1 \\ 0 \end{pmatrix} \right] = 0 \quad \text{bzw.} \quad H: \ x_1 + 2x_2 + 2x_3 - 3 = 0$$

Schritt 2:

Mit dem Aufpunkt A(4|1|3) von g gilt:

$$d(g; h) = d(A; H) = \frac{|1 \cdot 4 + 2 \cdot 1 + 2 \cdot 3 - 3|}{\sqrt{1^2 + 2^2 + 2^2}} = \frac{|9|}{\sqrt{9}} = \frac{9}{3} = 3 \,[\text{LE}]$$

6 Matrizen und Abbildungen (nur LK)

6.1 Grundlagen

Definition einer Matrix

Unter einer Matrix versteht man ein rechteckiges Zahlenschema aus m Zeilen und n Spalten, das man wie nebenstehend mit Klammern notieren kann.

$$A = \begin{pmatrix} a_{11} & a_{12} & \cdots & a_{1n} \\ a_{21} & a_{22} & \cdots & a_{2n} \\ \vdots & \vdots & \vdots & \vdots \\ a_{m1} & a_{m2} & \cdots & a_{mn} \end{pmatrix}$$

Eine Matrix mit m Zeilen und n Spalten bezeichnet man auch als $(m \times n)$-Matrix.

Das Matrixelement, das in der 3. Zeile und 2. Spalte der Matrix steht, wird mit a_{32} bezeichnet. Der 1. Index gibt die Nummer der Zeile, der 2. Index die Nummer der Spalte an, in der das Element steht.

Addition und Subtraktion von Matrizen

Zwei Matrizen A und B werden addiert bzw. subtrahiert, indem man die in den Matrizen an entsprechender Stelle stehenden Elemente addiert bzw. subtrahiert.

$$A + B = \begin{pmatrix} a_{11} & a_{12} & a_{13} \\ a_{21} & a_{22} & a_{23} \\ a_{31} & a_{32} & a_{33} \end{pmatrix} + \begin{pmatrix} b_{11} & b_{12} & b_{13} \\ b_{21} & b_{22} & b_{23} \\ b_{31} & b_{32} & b_{33} \end{pmatrix} = \begin{pmatrix} a_{11}+b_{11} & a_{12}+b_{12} & a_{13}+b_{13} \\ a_{21}+b_{21} & a_{22}+b_{22} & a_{23}+b_{23} \\ a_{31}+b_{31} & a_{32}+b_{32} & a_{33}+b_{33} \end{pmatrix}$$

Skalare Multiplikation von Matrizen

Eine Matrix A wird mit einer reellen Zahl r (Skalar) multipliziert, indem man alle Matrixelemente mit der reellen Zahl r multipliziert.

$$r \cdot A = \begin{pmatrix} r \cdot a_{11} & r \cdot a_{12} & \ldots & r \cdot a_{1n} \\ r \cdot a_{21} & r \cdot a_{22} & \ldots & r \cdot a_{2n} \\ \vdots & \vdots & \vdots & \vdots \\ r \cdot a_{n1} & r \cdot a_{n2} & \ldots & r \cdot a_{nn} \end{pmatrix}$$

Inverse einer Matrix

Ist A eine quadratische Matrix, so nennt man A^{-1} die **inverse Matrix** von **A**, wenn Folgendes gilt:

$A \cdot A^{-1} = E = A^{-1} \cdot A$ (E Einheitsmatrix)

Es gilt:

$(A \cdot B)^{-1} = B^{-1} \cdot A^{-1}$ und $(A^{-1})^{-1} = A$

Multiplikation einer Matrix mit einem Vektor

Ist A eine $(m \times n)$-Matrix und $\vec{x}$ ein $(n \times 1)$-Spaltenvektor, dann ist das Produkt ein $(m \times 1)$-Spaltenvektor.

$$A \cdot \vec{x} = \begin{pmatrix} a_{11} & a_{12} & a_{13} \\ a_{21} & a_{22} & a_{23} \\ a_{31} & a_{32} & a_{33} \end{pmatrix} \cdot \begin{pmatrix} x_1 \\ x_2 \\ x_3 \end{pmatrix} = \begin{pmatrix} a_{11} \cdot x_1 + a_{12} \cdot x_2 + a_{13} \cdot x_3 \\ a_{21} \cdot x_1 + a_{22} \cdot x_2 + a_{23} \cdot x_3 \\ a_{31} \cdot x_1 + a_{32} \cdot x_2 + a_{33} \cdot x_3 \end{pmatrix}$$

Multiplikation zweier Matrizen

Ist A eine $(m \times n)$-Matrix und B eine $(n \times p)$-Matrix, dann berechnet sich die $(m \times p)$-Matrix C als Produkt der Matrizen A und B folgendermaßen:

$$C = A \cdot B = \begin{pmatrix} a_{11} & a_{12} & a_{13} \\ a_{21} & a_{22} & a_{23} \\ a_{31} & a_{32} & a_{33} \end{pmatrix} \cdot \begin{pmatrix} b_{11} & b_{12} & b_{13} \\ b_{21} & b_{22} & b_{23} \\ b_{31} & b_{32} & b_{33} \end{pmatrix} = \begin{pmatrix} a_{11} \cdot b_{11} + a_{12} \cdot b_{21} + a_{13} \cdot b_{31} \\ a_{21} \cdot b_{11} + a_{22} \cdot b_{21} + a_{23} \cdot b_{31} \\ a_{31} \cdot b_{11} + a_{32} \cdot b_{21} + a_{33} \cdot b_{31} \end{pmatrix} \ldots$$

$$\ldots \begin{matrix} a_{11} \cdot b_{12} + a_{12} \cdot b_{22} + a_{13} \cdot b_{32} & a_{11} \cdot b_{13} + a_{12} \cdot b_{23} + a_{13} \cdot b_{33} \\ a_{21} \cdot b_{12} + a_{22} \cdot b_{22} + a_{23} \cdot b_{32} & a_{21} \cdot b_{13} + a_{22} \cdot b_{23} + a_{23} \cdot b_{33} \\ a_{31} \cdot b_{12} + a_{32} \cdot b_{22} + a_{33} \cdot b_{32} & a_{31} \cdot b_{13} + a_{32} \cdot b_{23} + a_{33} \cdot b_{33} \end{matrix} \Bigg)$$

Das Produkt zweier Matrizen ist nur dann definiert, wenn die Anzahl der Spalten der linken Matrix gleich der Anzahl der Zeilen der rechten Matrix ist.

Die Matrizenmultiplikation ist **assoziativ**, d. h. $A \cdot (B \cdot C) = (A \cdot B) \cdot C$.
Die Matrizenmultiplikation ist im Allgemeinen **nicht kommutativ**, d. h. $A \cdot B \neq B \cdot A$.

6.2 Abbildungen

Jede affine Abbildung α ist durch eine Matrix A und einen Vektor $\vec{t}$ festgelegt. Für einen Punkt $X(x_1 \mid x_2 \mid x_3)$ und seinen Bildpunkt $X'(x_1' \mid x_2' \mid x_3')$ gilt:

$\vec{x}' = A \cdot \vec{x} + \vec{t}$

Die Spalten der Abbildungsmatrix entsprechen den Bildern der Einheitsvektoren, wenn alle Einträge in $\vec{t}$ gleich null sind.

Beispiele für Abbildungen:

1. $A = \begin{pmatrix} \cos\varphi & -\sin\varphi \\ \sin\varphi & \cos\varphi \end{pmatrix}$

   Drehung um $(0 \mid 0)$ um den Winkel φ

2. $B = \begin{pmatrix} k & 0 & 0 \\ 0 & k & 0 \\ 0 & 0 & k \end{pmatrix}$

   Zentrische Streckung mit dem Faktor k

3. $C = \begin{pmatrix} 1 & 0 \\ 0 & -1 \end{pmatrix}$

   Spiegelung an der x_1-Achse

 Bei der Abbildung α mit $\vec{t} = \begin{pmatrix} 0 \\ 0 \end{pmatrix}$ wird $A(1 \mid 0)$ auf $A'(3 \mid 0)$ und $B(1 \mid 1)$ auf $B'(3 \mid -3)$ abgebildet. Bestimmen Sie die Abbildungsmatrix.

Die erste Spalte der Abbildungsmatrix kann direkt abgelesen werden, da der Einheitsvektor $\vec{e}_1 = \begin{pmatrix} 1 \\ 0 \end{pmatrix}$ auf $\vec{e}_1' = \begin{pmatrix} 3 \\ 0 \end{pmatrix}$ abgebildet wird. Da das Bild von $\vec{e}_2 = \begin{pmatrix} 0 \\ 1 \end{pmatrix}$ nicht gegeben ist, wird für das Bild des Einheitsvektors der allgemeine Vektor $\vec{e}_2' = \begin{pmatrix} a \\ b \end{pmatrix}$ eingesetzt:

$A = \begin{pmatrix} 3 & a \\ 0 & b \end{pmatrix}$

Um a und b zu bestimmen, wird die folgende Gleichung genutzt:

$\overrightarrow{OB'} = A \cdot \overrightarrow{OB}$

$\begin{pmatrix} 3 \\ -3 \end{pmatrix} = \begin{pmatrix} 3 & a \\ 0 & b \end{pmatrix} \cdot \begin{pmatrix} 1 \\ 1 \end{pmatrix}$

$\begin{pmatrix} 3 \\ -3 \end{pmatrix} = \begin{pmatrix} 3+a \\ b \end{pmatrix} \quad \Rightarrow \quad \begin{matrix} a = 0 \\ b = -3 \end{matrix}$

Damit folgt für die Abbildungsmatrix:

$A = \begin{pmatrix} 3 & 0 \\ 0 & -3 \end{pmatrix}$

6.3 Verkettung von Abbildungen

Sind α: $\vec{x}' = A \cdot \vec{x}$ und β: $\vec{x}' = B \cdot \vec{x}$ zwei affine Abbildungen, so gilt für die Verkettung $\beta \circ \alpha$ („erst α, dann β"):

$\beta \circ \alpha$: $\vec{x} = B \cdot A \cdot \vec{x} = C \cdot \vec{x}$ mit $C = B \cdot A$

 Die Abbildungen

α: $\vec{x}' = \begin{pmatrix} \cos 90° & -\sin 90° \\ \sin 90° & \cos 90° \end{pmatrix} \cdot \vec{x}$ und β: $\vec{x}' = \begin{pmatrix} -1 & 0 \\ 0 & 1 \end{pmatrix} \cdot \vec{x}$

werden verkettet, sodass erst α und dann β ausgeführt werden. Bestimmen Sie die Abbildungsmatrix C der Verkettung $\beta \circ \alpha$ und erklären Sie, welche Abbildungen durchgeführt werden.

$C = \begin{pmatrix} -1 & 0 \\ 0 & 1 \end{pmatrix} \cdot \begin{pmatrix} \cos 90° & -\sin 90° \\ \sin 90° & \cos 90° \end{pmatrix} = \begin{pmatrix} -\cos 90° & \sin 90° \\ \sin 90° & \cos 90° \end{pmatrix}$

Die Punkte werden zuerst um $90°$ um den Ursprung gedreht und anschließend an der x_2-Achse gespiegelt.

Stochastik

1 Ereignisse

Ergebnisraum und Ereignisse

Der Ergebnisraum Ω umfasst alle möglichen Ausgänge (Ergebnisse) eines Zufallsexperiments. Die Anzahl der Elemente von Ω wird als Mächtigkeit $|\Omega|$ bezeichnet.

Jede Teilmenge des Ergebnisraums beschreibt ein Ereignis. Ω selbst heißt sicheres Ereignis (tritt auf jeden Fall ein), die leere Menge $\{\}$ unmögliches Ereignis (tritt nie ein). Ein einzelnes Ergebnis wird auch als Elementarereignis bezeichnet.

Durch Verknüpfung einzelner Ereignisse entstehen neue Ereignisse als Teilmengen des Ergebnisraums.

Ausgehend von zwei Ereignissen A und B als Teilmengen eines Ergebnisraums Ω ergeben sich u. a. folgende weitere Ereignisse:

Gegenereignis
$\overline{A} = \Omega \setminus A$
„Alle Elemente aus Ω, die nicht zu Ereignis A gehören."

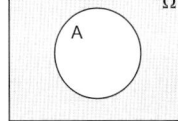

Schnittmenge
$A \cap B$
„Alle Elemente aus Ω, die sowohl zu Ereignis A als auch zu Ereignis B gehören."

Bemerkung: Die beiden Ereignisse A und B heißen unvereinbar, wenn $A \cap B = \{\}$ gilt.

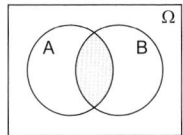

Vereinigungsmenge
$A \cup B$
„Alle Elemente aus Ω, die zu Ereignis A oder zu Ereignis B (oder zu beiden) gehören."

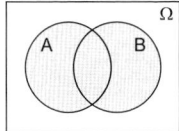

$\Omega \triangleq$ Bevölkerung von Deutschland

A: „Die Person ist ein Mann."

B: „Die Person ist blond."

$\overline{A}$:   Die Person ist kein Mann.
           oder: Die Person ist eine Frau.

$A \cap B$:   Die Person ist ein blonder Mann.

$A \cup B$:   Die Person ist ein Mann oder blond (oder beides).

2 Wahrscheinlichkeitsberechnungen

2.1 Relative Häufigkeit und Gesetz der großen Zahlen

Relative Häufigkeit

Bezeichnet k die Anzahl des Auftretens eines Ereignisses und n die Gesamtanzahl der Versuche bei einem Zufallsexperiment, so lässt sich die relative Häufigkeit dieses Ereignisses folgendermaßen definieren:

$h(k) = \frac{k}{n}$

Gesetz der großen Zahlen

In einem Zufallsexperiment stabilisieren sich die relativen Häufigkeiten, wenn das Zufallsexperiment sehr oft durchgeführt wird.

2.2 Der Wahrscheinlichkeitsbegriff

Den einzelnen Elementen eines Ergebnisraums lassen sich Wahrscheinlichkeiten zuordnen. Die Wahrscheinlichkeit des Ereignisses A wird mit P(A) bezeichnet.

Eigenschaften der Wahrscheinlichkeit

- $0 \leq P(A) \leq 1$ für jedes Ereignis $A \subseteq \Omega$
- $P(\Omega) = 1$ und $P(\{\,\}) = 0$
- $P(\overline{A}) = 1 - P(A)$
- $P(A \cup B) = P(A) + P(B) - P(A \cap B)$ (**Additionssatz**)

Bei der Produktion eines Spielzeugs können zwei Fehler auftreten.
10 % der produzierten Spielzeuge haben einen Funktionsfehler (F_1),
20 % haben einen Farbfehler (F_2). 25 % aller Spielzeuge haben mindestens einen Fehler. Berechnen Sie die Wahrscheinlichkeit, dass ein
Spielzeug beide Fehler aufweist.

Gegeben: $P(F_1) = 0,1$ $P(F_2) = 0,2$ $P(F_1 \cup F_2) = 0,25$

Gesucht: $P(F_1 \cap F_2)$

Nach dem Additionssatz gilt:

$P(F_1 \cup F_2) = P(F_1) + P(F_2) - P(F_1 \cap F_2)$

$\Rightarrow \quad P(F_1 \cap F_2) = P(F_1) + P(F_2) - P(F_1 \cup F_2)$

$P(F_1 \cap F_2) = 0,1 + 0,2 - 0,25 = 0,05$

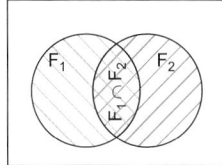 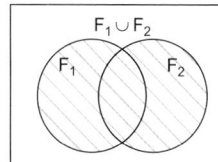

2.3 Laplace-Experimente, Laplace-Wahrscheinlichkeit

Ein Zufallsexperiment, bei dem alle Ergebnisse (Elementarereignisse)
aus Ω gleich wahrscheinlich sind, heißt Laplace-Experiment.
Die Wahrscheinlichkeit eines Ereignisses A erhält man in diesem Fall,
indem man die Mächtigkeit von A durch die Mächtigkeit von Ω teilt:

$P(A) = \dfrac{|A|}{|\Omega|} = \dfrac{\text{Anzahl der günstigen Fälle}}{\text{Anzahl der möglichen Fälle}}$

 Zwei verschiedene Glücksräder werden je einmal gedreht. Geben Sie
jeweils den Ergebnisraum Ω an und entscheiden Sie, ob ein Laplace-
Experiment vorliegt. Berechnen Sie in diesem Fall die Wahrscheinlichkeit, dass der Pfeil auf einer geraden Zahl stehen bleibt.

Glücksrad 1

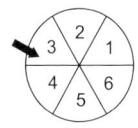

$\Omega = \{1; 2; 3; 4; 5; 6\}$ $|\Omega| = 6$

Laplace-Experiment, da die einzelnen Sektoren des Rades gleich groß sind, und damit gilt:

$P(\{1\}) = P(\{2\}) = \ldots = P(\{6\}) = \frac{1}{6}$

A: „Der Pfeil zeigt auf eine gerade Zahl."

$A = \{2; 4; 6\}$ $|A| = 3$

$P(A) = \frac{|A|}{|\Omega|} = \frac{3}{6} = \frac{1}{2}$

Glücksrad 2

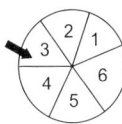

$\Omega = \{1; 2; 3; 4; 5; 6\}$ $|\Omega| = 6$

kein Laplace-Experiment, da die einzelnen Sektoren des Rades nicht gleich groß sind.

2.4 Baumdiagramme und Vierfeldertafeln

Baumdiagramm

Ein Baumdiagramm eignet sich zur Bestimmung von Wahrscheinlichkeiten mehrstufiger bzw. zusammengesetzter Zufallsexperimente.

Verzweigungsregel
Bei einem vollständigen Baumdiagramm beträgt die Summe der Wahrscheinlichkeiten aller Äste, die von einem Verzweigungspunkt ausgehen, stets 1.

1. Pfadregel (Produktregel)
Die Wahrscheinlichkeit eines einzelnen Ergebnisses ist das Produkt der Wahrscheinlichkeiten entlang des Pfades, der zu diesem Ergebnis führt.

2. Pfadregel (Summenregel)
Die Wahrscheinlichkeit eines Ereignisses ist die Summe der Wahrscheinlichkeiten der Pfade, die zu diesem Ereignis gehören.

💡 Die Tennisabteilung eines Vereins besteht zu 60 % aus männlichen Mitgliedern, von denen 20 % Linkshänder sind. 10 % aller Mitglieder sind weiblich und Rechtshänder. Zeichnen Sie ein vollständiges Baumdiagramm und ermitteln Sie die Wahrscheinlichkeit, dass ein beliebiges Mitglied des Vereins Linkshänder ist.

M: „Mitglied ist ein Mann."   L: „Mitglied ist Linkshänder."

Die fett gedruckten Werte im Baumdiagramm sind gegeben, die übrigen ergeben sich mithilfe der Verzweigungsregel bzw. der 1. Pfadregel:

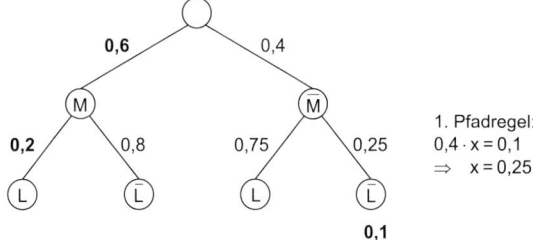

1. Pfadregel:
$0,4 \cdot x = 0,1$
$\Rightarrow \quad x = 0,25$

Die gesuchte Wahrscheinlichkeit erhält man mithilfe der 2. Pfadregel:
$P(L) = 0,6 \cdot 0,2 + 0,4 \cdot 0,75 = 0,42$

Vierfeldertafel

Eine Vierfeldertafel eignet sich zur Bestimmung von Wahrscheinlichkeiten der Verknüpfungen zweier Ereignisse A und B. Sie ist folgendermaßen aufgebaut:

	A	$\overline{A}$	
B	$P(A \cap B)$	$P(\overline{A} \cap B)$	$P(B)$
$\overline{B}$	$P(A \cap \overline{B})$	$P(\overline{A} \cap \overline{B})$	$P(\overline{B})$
	$P(A)$	$P(\overline{A})$	1

Die Randwerte ergeben sich dabei jeweils durch Summenbildung.

Bemerkung: In den Feldern können auch absolute Häufigkeiten stehen.

💡 Die Angaben aus dem vorherigen Beispiel lassen sich auch in einer Vierfeldertafel darstellen.

Gegeben: $P(M) = 0,6$ $P(M \cap L) = 0,6 \cdot 0,2 = 0,12$ $P(\overline{M} \cap \overline{L}) = 0,1$

Die gegebenen Werte sind in der Vierfeldertafel fett gedruckt; die übrigen Werte ergeben sich entsprechend als Summen bzw. Differenzen:

	M	$\overline{\text{M}}$	
L	**0,12**	0,3	0,42
$\overline{\text{L}}$	0,48	**0,1**	0,58
	0,6	0,4	1

Die zuvor mithilfe der 2. Pfadregel berechnete Wahrscheinlichkeit $P(L) = 0,42$ lässt sich aus der Vierfeldertafel direkt ablesen.

2.5 Bedingte Wahrscheinlichkeit und stochastische Unabhängigkeit

Bedingte Wahrscheinlichkeit

Bei einem Zufallsexperiment mit den möglichen Ereignissen A und B heißt die Wahrscheinlichkeit, dass B eintritt unter der Voraussetzung, dass A bereits eingetreten ist, die durch A bedingte Wahrscheinlichkeit von B. Für diese Wahrscheinlichkeit gilt:

$$P_A(B) = \frac{P(A \cap B)}{P(A)}$$

Mithilfe von bedingten Wahrscheinlichkeiten lässt sich das vollständige Baumdiagramm für ein zusammengesetztes bzw. mehrstufiges Zufallsexperiment mit den beiden Ereignissen A und B wie folgt angeben:

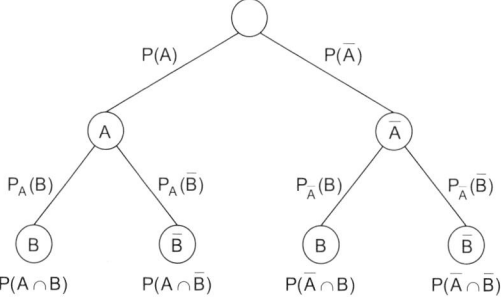

Stochastische Unabhängigkeit

Zwei Ereignisse A und B heißen stochastisch unabhängig, wenn das Eintreten von A keinen Einfluss auf die Wahrscheinlichkeit von B hat und umgekehrt, d. h., wenn $P_A(B) = P(B)$ oder $P_B(A) = P(A)$. Dies ist genau dann der Fall, wenn gilt:

$P(A \cap B) = P(A) \cdot P(B)$

Andernfalls heißen A und B stochastisch abhängig.

Die stochastische Unabhängigkeit zweier Ereignisse A und B lässt sich gut anhand einer Vierfeldertafel überprüfen.

 Bei der Produktion eines Spielzeugs können zwei Fehler auftreten. 10 % der produzierten Spielzeuge haben einen Funktionsfehler (F_1), 20 % haben einen Farbfehler (F_2). 25 % aller Spielzeuge haben mindestens einen Fehler (siehe auch Seite 60).

(1) Stellen Sie die zugehörige Vierfeldertafel auf und überprüfen Sie die Ereignisse F_1 und F_2 auf stochastische Unabhängigkeit.

(2) Ein Spielzeug funktioniert einwandfrei. Mit welcher Wahrscheinlichkeit hat das Spielzeug einen Farbfehler?

Lösung:

(1) Gegeben: $P(F_1) = 0,1$ $P(F_2) = 0,2$ $P(F_1 \cup F_2) = 0,25$

Es gilt: $P(\overline{F_1} \cap \overline{F_2}) = 1 - P(F_1 \cup F_2) = 1 - 0,25 = 0,75$

Damit lässt sich eine vollständige Vierfeldertafel angeben:

	F_1	$\overline{F_1}$	
F_2	0,05	0,15	**0,2**
$\overline{F_2}$	0,05	**0,75**	0,8
	0,1	0,9	1

$P(F_1 \cap F_2) = 0,05$ $P(F_1) \cdot P(F_2) = 0,1 \cdot 0,2 = 0,02$

Also: $P(F_1 \cap F_2) = 0,05 \neq 0,02 = P(F_1) \cdot P(F_2)$

$\Rightarrow$ Die Ereignisse F_1 und F_2 sind stochastisch abhängig.

(2) Gesucht ist die bedingte Wahrscheinlichkeit $P_{\overline{F_1}}(F_2)$. Es gilt:

$$P_{\overline{F_1}}(F_2) = \frac{P(\overline{F_1} \cap F_2)}{P(\overline{F_1})} = \frac{0,15}{0,9} = \frac{1}{6} \approx 16,67\,\%$$

3 Urnenmodelle

Mehrstufige Zufallsexperimente lassen sich gut mithilfe von Urnen-
modellen veranschaulichen. Dabei werden unterscheidbare Kugeln aus
einer Urne gezogen. Je nach Modell wird mit oder ohne Zurücklegen
gezogen. Außerdem ist zu beachten, ob die Reihenfolge der gezogenen
Kugeln eine Rolle spielt.
Ist nach der Anzahl der Möglichkeiten gefragt, so ist die Antwort eine
natürliche Zahl. Ist nach einer Wahrscheinlichkeit gefragt, so ist die
Antwort eine reelle Zahl zwischen 0 und 1.

3.1 Anzahl der Möglichkeiten

Um die Wahrscheinlichkeit eines Ereignisses A in einem Laplace-
Experiment zu ermitteln, ist es notwendig, die Mächtigkeiten des
Ergebnisraums und des Ereignisses zu kennen.
Insbesondere wenn es eine große Anzahl von Möglichkeiten gibt,
lassen sich diese Mächtigkeiten nicht mehr durch Notieren aller mög-
lichen Ergebnisse und Abzählen bestimmen. Bezogen auf das jeweilige
Urnenmodell gibt es aber geeignete Berechnungsformeln, die auf dem
allgemeinen Zählprinzip basieren:

Anzahl der Möglichkeiten
- Aus einer Urne mit n Kugeln wird k-mal *mit* Zurücklegen unter
  Beachtung der Reihenfolge gezogen:
  n^k Möglichkeiten
- Aus einer Urne mit n Kugeln wird k-mal *ohne* Zurücklegen unter
  Beachtung der Reihenfolge gezogen:
  $n \cdot (n-1) \cdot \ldots \cdot (n-k+1)$ Möglichkeiten
- Aus einer Urne mit n Kugeln werden k Kugeln ohne Zurücklegen
  und ohne Beachtung der Reihenfolge (bzw. mit einem Griff) ge-
  zogen:
  $\binom{n}{k} = \frac{n!}{k! \cdot (n-k)!}$ Möglichkeiten
  Dieser Ausdruck heißt **Binomialkoeffizient**.

Im Sportunterricht werden 6 verschiedene Mannschaften gebildet.

(1) Auf wie viele verschiedene Arten können Anna, Bernd und Christian auf die Teams verteilt werden?

(2) Wie viele Möglichkeiten der Verteilung gibt es, wenn jeder der drei zu einem anderen Team gehören soll?

(3) Wie viele verschiedene Möglichkeiten gibt es für die Zusammenstellung eines 5er-Teams, wenn die Klasse aus 30 Schülern besteht?

Lösung:

(1) $\underset{\text{Anna}}{6} \cdot \underset{\text{Bernd}}{6} \cdot \underset{\text{Christian}}{6} = 6^3 = 216$

(2) $\underset{\text{Anna}}{6} \cdot \underset{\text{Bernd}}{5} \cdot \underset{\text{Christian}}{4} = 120$

(3) $\binom{30}{5} = 142\,506$

3.2 Berechnen von Wahrscheinlichkeiten

Ziehen ohne Zurücklegen

Beim Ziehen aus einer Urne ohne Zurücklegen ändern sich bei jedem Zug die Wahrscheinlichkeiten. Spielt dabei die Reihenfolge der gezogenen Kugeln keine Rolle, entspricht dies dem Ziehen mit einem Griff.

Zieht man aus einer Urne mit N Kugeln, von denen K schwarz sind, n Kugeln ohne Zurücklegen, so gilt für die Wahrscheinlichkeit, genau k schwarze Kugeln zu ziehen:

$$P(\text{„genau k schwarze Kugeln"}) = \frac{\binom{K}{k} \cdot \binom{N-K}{n-k}}{\binom{N}{n}}$$

 In einer Lieferung von 50 Dioden befinden sich 4 defekte. Bei einer Kontrolle werden 6 Dioden zufällig ausgewählt und überprüft. Mit welcher Wahrscheinlichkeit findet man genau 2 defekte?

Die Lieferung besteht aus $N = 50$ Dioden.

Darunter befinden sich $K = 4$ defekte, also $N - K = (50 - 4) = 46$ einwandfreie Dioden.

Es werden $n = 6$ Dioden ausgewählt und überprüft.

$$P(\text{„genau 2 defekte Dioden“}) = \frac{\binom{4}{2} \cdot \binom{50-4}{6-2}}{\binom{50}{6}} = \frac{\binom{4}{2} \cdot \binom{46}{4}}{\binom{50}{6}} \approx 6{,}2 \, \%$$

Ziehen mit Zurücklegen

Beim Ziehen aus einer Urne mit Zurücklegen bleiben die Wahrscheinlichkeiten bei jedem Zug gleich.

Zieht man aus einer Urne mit einem bestimmten Anteil p schwarzer Kugeln n Kugeln mit Zurücklegen, so gilt für die Wahrscheinlichkeit, genau k schwarze Kugeln zu ziehen:

$$P(\text{„genau k schwarze Kugeln“}) = \binom{n}{k} \cdot p^k \cdot (1-p)^{n-k}$$

 Ein Tetraeder (vierseitiger Würfel mit den Augenzahlen 1, 2, 3 und 4) wird fünfmal geworfen. Notiert wird die Augenzahl der Fläche, auf die das Tetraeder fällt.

Für jeden der $n = 5$ Würfe gilt:

$$P(\{1\}) = P(\{2\}) = P(\{3\}) = P(\{4\}) = \frac{1}{4} \quad \text{und} \quad P(\{\text{ungerade Zahl}\}) = \frac{1}{2}$$

A: „Genau bei 3 Würfen fällt die Augenzahl 2.“

$$P(A) = P(\text{„genau 3 Zweier“}) = \binom{5}{3} \cdot \left(\frac{1}{4}\right)^3 \cdot \left(\frac{3}{4}\right)^{5-3} \approx 8{,}79 \, \%$$

B: „Es wird immer eine ungerade Augenzahl geworfen.“

$$P(B) = P(\text{„genau 5 ungerade Zahlen“})$$

$$= \binom{5}{5} \cdot \left(\frac{1}{2}\right)^5 \cdot \left(\frac{1}{2}\right)^{5-5} = 1 \cdot \left(\frac{1}{2}\right)^5 \cdot 1 = 3{,}125 \, \%$$

4 Zufallsgrößen

4.1 Zufallsgrößen und ihre Wahrscheinlichkeitsverteilung

Eine **Zufallsgröße** oder Zufallsvariable ordnet jedem Ergebnis eines Zufallsexperiments eine reelle Zahl zu. Die **Wahrscheinlichkeitsverteilung** einer Zufallsgröße X gibt an, mit welchen Wahrscheinlichkeiten p_1, p_2, ..., p_n die Zufallsgröße die möglichen Werte x_1, x_2, ..., x_n annimmt; in Tabellenform:

x_i	x_1	x_2	...	x_n
$P(X = x_i)$	p_1	p_2	...	p_n

Dabei muss die Summe der Wahrscheinlichkeiten stets 1 ergeben:
$p_1 + p_2 + ... + p_n = 1$ (Normierungsbedingung)
Die Veranschaulichung der Wahrscheinlichkeitsverteilung kann durch ein Stabdiagramm oder ein Histogramm erfolgen.

Vorgehensweise
Schritt 1: Werte, die die Zufallsgröße X annehmen kann, auflisten
Schritt 2: Zugehörige Wahrscheinlichkeiten berechnen
Schritt 3: Tabelle und ggf. Stabdiagramm bzw. Histogramm erstellen

 Bei einem gezinkten Würfel wird die Augenzahl 6 mit einer Wahrscheinlichkeit von 0,3 geworfen. Ermitteln Sie die Wahrscheinlichkeitsverteilung der Zufallsgröße X, die die Anzahl der Sechser beim zweimaligen Werfen dieses Würfels angibt.

Schritt 1:
Die Zufallsgröße X kann folgende Werte annehmen:
$x_1 = 0$; $x_2 = 1$; $x_3 = 2$
Schritt 2:
Die Wahrscheinlichkeiten für die einzelnen Werte von X können mithilfe der Formel von Seite 67 ermittelt werden:

$P(X = 0) = \binom{2}{0} \cdot 0,3^0 \cdot 0,7^2 = 0,49$

$P(X = 1) = \binom{2}{1} \cdot 0,3^1 \cdot 0,7^1 = 0,42$

$$P(X = 2) = \binom{2}{2} \cdot 0,3^2 \cdot 0,7^0 = 0,09$$

Schritt 3:
Wahrscheinlichkeitsverteilung von X:

x_i	0	1	2
$P(X = x_i)$	0,49	0,42	0,09

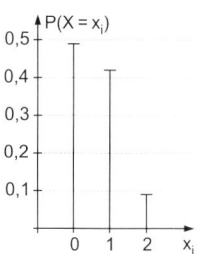

4.2 Erwartungswert, Varianz und Standardabweichung

Erwartungswert
Der Erwartungswert einer Zufallsgröße X gibt an, welcher Mittelwert
bei oftmaliger Wiederholung des Zufallsexperiments zu erwarten ist.

$$\mu = E(X) = \sum_{i=1}^{n} x_i \cdot p_i = x_1 \cdot p_1 + \ldots + x_n \cdot p_n$$

Varianz und Standardabweichung
Die Varianz und die Standardabweichung einer Zufallsgröße X
erfassen die Streuung der Werte um den Erwartungswert von X.

$$Var(X) = \sum_{i=1}^{n} (x_i - \mu)^2 \cdot p_i = (x_1 - \mu)^2 \cdot p_1 + \ldots + (x_n - \mu)^2 \cdot p_n$$

$$\sigma(X) = \sqrt{Var(x)}$$

Bemerkungen:
- Der Erwartungswert μ einer Zufallsgröße X ist häufig kein Wert,
  den die Zufallsgröße tatsächlich annimmt.
- Ein Spiel ist fair, wenn der Erwartungswert des Gewinns für jeden
  Spieler gleich null ist.

 Ein Englischlehrer stellt für die Notenverteilung der nächsten Klassen-
arbeit zwei mögliche Szenarien gegenüber.

Szenario A

Note x	1	2	3	4	5	6
$P(X = x)$	0,1	0,15	0,5	0,2	0	0,05

Szenario B

Note y	1	2	3	4	5	6
P(Y = y)	0,2	0,25	0,25	0,05	0,15	0,1

Erwartungswert (Notendurchschnitt) bei beiden Szenarien:

$E(X) = 1 \cdot 0,1 + 2 \cdot 0,15 + 3 \cdot 0,5 + 4 \cdot 0,2 + 5 \cdot 0 + 6 \cdot 0,05 = 3$

$E(Y) = 1 \cdot 0,2 + 2 \cdot 0,25 + 3 \cdot 0,25 + 4 \cdot 0,05 + 5 \cdot 0,15 + 6 \cdot 0,1 = 3$

In beiden Fällen ergäbe sich derselbe Notendurchschnitt.

Varianz/Streuung um den Notendurchschnitt:

$$Var(X) = (1-3)^2 \cdot 0,1 + (2-3)^2 \cdot 0,15 + (3-3)^2 \cdot 0,5 + (4-3)^2 \cdot 0,2$$
$$+ (5-3)^2 \cdot 0 + (6-3)^2 \cdot 0,05 = 1,2$$

$$Var(Y) = (1-3)^2 \cdot 0,2 + (2-3)^2 \cdot 0,25 + (3-3)^2 \cdot 0,25 + (4-3)^2 \cdot 0,05$$
$$+ (5-3)^2 \cdot 0,15 + (6-3)^2 \cdot 0,1 = 2,6$$

$\Rightarrow$ $Var(X) < Var(Y)$

Die Streuung der Noten um den Notendurchschnitt wäre bei Szenario B größer als bei Szenario A.

Dies wird auch an den Stabdiagrammen deutlich:

Szenario A   **Szenario B**

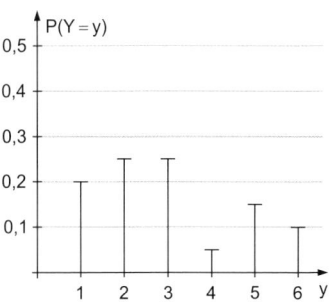

Szenario A: Sehr gute und sehr schlechte Noten treten selten auf.

        $\Rightarrow$ Die Noten streuen nur wenig um den Erwartungswert.

Szenario B: Die Noten sind recht gleichmäßig verteilt.

        $\Rightarrow$ Die Noten streuen stark um den Erwartungswert.

4.3 Binomialverteilte Zufallsgrößen

Bernoulli-Experiment

Ein Zufallsexperiment mit nur zwei möglichen Ergebnissen (Treffer und Niete) heißt Bernoulli-Experiment. Die Trefferwahrscheinlichkeit bezeichnet man mit p, die Wahrscheinlichkeit für eine Niete mit $q = 1 - p$. Die n-fache unabhängige Wiederholung eines Bernoulli-Experiments heißt Bernoulli-Kette der Länge n. Die Trefferwahrscheinlichkeit p bleibt dabei konstant.

Binomialverteilte Zufallsgröße

Für die Zufallsgröße X, die die Anzahl der Treffer bei einer Bernoulli-Kette der Länge n mit Trefferwahrscheinlichkeit p angibt, gilt:

$$P_p^n(X = k) = B(n; p; k) = \binom{n}{k} \cdot p^k \cdot (1-p)^{n-k} \quad (0 \le k \le n)$$

Diese Wahrscheinlichkeitsverteilung heißt Binomialverteilung und X binomialverteilt nach B(n; p).

Die kumulierte Verteilungsfunktion einer B(n; p)-verteilten Zufalls-größe ist gegeben durch:

$$F_p^n(k) = P_p^n(X \le k) = \sum_{i=0}^{k} B(n; p; i)$$

Für eine B(n; p)-verteilte Zufallsgröße X gilt:

- Erwartungswert: $\quad \mu = E(X) = n \cdot p$
- Varianz: $\quad Var(X) = n \cdot p \cdot (1-p)$
- Standardabweichung: $\sigma(X) = \sqrt{n \cdot p \cdot (1-p)}$

Bemerkung: Die Binomialverteilung lässt sich durch das Urnenmodell „Ziehen mit Zurücklegen" (vgl. S. 67) veranschaulichen.

Beispielhaftes Histogramm für $n = 10$ und $p = 0,3$ (mit $E(X) = 3$):

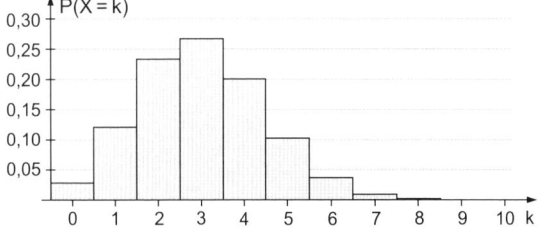

Die Werte für bestimmte Binomialverteilungen und ihre kumulierten Verteilungen können einem Tafelwerk entnommen werden.

Übersicht über typische Fragestellungen und Rückführung auf die kumulierte Verteilungsfunktion:

- genau k Treffer: $P(X = k) = B(n; p; k) = \binom{n}{k} \cdot p^k \cdot (1-p)^{n-k}$
- höchstens k Treffer: $P(X \leq k)$
- weniger als k Treffer: $P(X < k) = P(X \leq k-1)$
- mindestens k Treffer: $P(X \geq k) = 1 - P(X \leq k-1)$
- mehr als k Treffer: $P(X > k) = P(X \geq k+1) = 1 - P(X \leq k)$
- mindestens k, aber höchstens h Treffer: $P(k \leq X \leq h) = P(X \leq h) - P(X \leq k-1)$

1. Eine Sportartikelfirma stellt Fußbälle her. Aus langjähriger Erfahrung weiß man, dass 10 % aller produzierten Bälle fehlerhaft sind. In der Endkontrolle werden 10 Bälle zufällig ausgewählt und kontrolliert.
   Mit welcher Wahrscheinlichkeit
   (1) sind genau drei Bälle fehlerhaft?
   (2) sind höchstens vier Bälle fehlerhaft?
   (3) sind mehr als drei Bälle fehlerhaft?
   (4) sind mindestens zwei, aber weniger als fünf Bälle fehlerhaft?

Die Zufallsgröße X gibt die Anzahl der fehlerhaften Bälle bei der Endkontrolle an. X ist binomialverteilt mit $p = 0{,}1$ und $n = 10$.

(1) $P_{0,1}^{10}(X = 3) = B(10; 0{,}1; 3) = \binom{10}{3} \cdot 0{,}1^3 \cdot 0{,}9^7 \approx 0{,}0574 = 5{,}74 \, \%$

(2) $P_{0,1}^{10}(X \leq 4) = \sum_{i=0}^{4} B(10; 0{,}1; i) = 0{,}99837 \approx 99{,}84 \, \%$

$\qquad\qquad\qquad\qquad\qquad$ (Tafelwerk: kumulierte Tabelle)

(3) $P_{0,1}^{10}(X > 3) = 1 - P_{0,1}^{10}(X \leq 3)$

$\qquad\qquad = 1 - \sum_{i=0}^{3} B(10; 0{,}1; i)$

$\qquad\qquad = 1 - 0{,}98720 \qquad$ (Tafelwerk: kumulierte Tabelle)

$\qquad\qquad = 0{,}0128 = 1{,}28 \, \%$

(4) $P_{0,1}^{10}(2 \leq X < 5) = P_{0,1}^{10}(2 \leq X \leq 4)$

$$= P_{0,1}^{10}(X \leq 4) - P_{0,1}^{10}(X \leq 1)$$

$$= \sum_{i=0}^{4} B(10; 0,1; i) - \sum_{i=0}^{1} B(10; 0,1; i)$$

$$= 0,99837 - 0,73610 \qquad \text{(Tafelwerk:}$$
$$= 0,26227 \approx 26,23\ \% \qquad \text{kumulierte Tabelle)}$$

2. Wie viele Bälle müsste man mindestens kontrollieren, um mit einer Wahrscheinlichkeit von mindestens 95 % wenigstens einen fehlerhaften Ball zu finden? („3-Mindestens-Aufgabe")

Nun ist X binomialverteilt mit $p = 0,1$ und unbekanntem n.
Es soll gelten:

$$P_{0,1}^{n}(X \geq 1) \geq 0,95$$

$$1 - P_{0,1}^{n}(X = 0) \geq 0,95$$

$$P_{0,1}^{n}(X = 0) \leq 0,05$$

$$\binom{n}{0} \cdot 0,1^0 \cdot 0,9^n \leq 0,05$$

$$0,9^n \leq 0,05$$

$$\ln 0,9^n \leq \ln 0,05$$

$$n \cdot \ln 0,9 \leq \ln 0,05 \qquad | : \ln 0,9 \ (< 0\,!)$$

$$n \geq \frac{\ln 0,05}{\ln 0,9} \approx 28,43$$

Man müsste also mindestens 29 Bälle kontrollieren.

4.4 Normalverteilte Zufallsgrößen (nur LK)

Gauß'sche Glockenfunktion

Gilt für die Binomialverteilung $\sigma = \sqrt{n \cdot p \cdot (1-p)} > 3$ (Laplace-Bedingung), so kann das Histogramm ihrer Wahrscheinlichkeiten gut durch eine Glockenkurve angenähert werden. Die Glockenkurve wird beschrieben durch folgende Funktion:

$$\varphi(x) = \frac{1}{\sqrt{2\pi}}\, e^{-\frac{1}{2}x^2} \qquad \text{Gauß'sche Glockenfunktion}$$

Gauß'sche Integralfunktion

Die Gauß'sche Integralfunktion Φ misst die Fläche unter der Glockenkurve der Dichtefunktion φ. Φ ist demnach die zu φ gehörende Verteilungsfunktion und Integralfunktion von φ. Mit ihr können kumulierte
Wahrscheinlichkeiten berechnet werden.

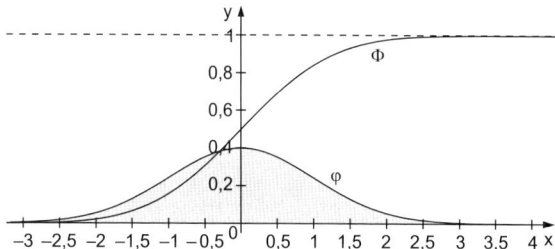

Integrale Näherungsformel von de Moivre-Laplace

Zur Berechnung von $P(k_1 \leq X \leq k_2)$ müssen die Wahrscheinlichkeiten
$B(n; p; i)$, also die zugehörigen Rechtecksflächen des Histogramms
addiert werden. Diese können über Φ (Gauß'sche Summenfunktion)
angenähert werden. Dazu müssen die zu k_1 und k_2 gehörigen Integrationsgrenzen t_1 und t_2 bestimmt werden.

Vorgehensweise

Schritt 1:

$$t_1 = \frac{k_1 - \mu - 0{,}5}{\sigma} \quad \text{und} \quad t_2 = \frac{k_2 - \mu + 0{,}5}{\sigma}$$

Schritt 2:

$$P(k_1 \leq X \leq k_2) \approx \Phi(t_2) - \Phi(t_1) \approx \Phi\left(\frac{k_2 - \mu + 0{,}5}{\sigma}\right) - \Phi\left(\frac{k_1 - \mu - 0{,}5}{\sigma}\right)$$

Die Vergrößerung des Integrationsintervalls um 0,5 bezeichnet man
als Stetigkeitskorrektur.

Eine deformierte Münze wird 100-mal geworfen. Die Wahrscheinlichkeit für Kopf beträgt 0,4.
Bestimmen Sie die Wahrscheinlichkeit, dass

(1) weniger als 35-mal Kopf fällt,

(2) mindestens 42-mal Kopf fällt,

(3) mindestens 36-mal und höchstens 43-mal Kopf fällt.

$\mu = E(X) = 40; \ \sigma = \sqrt{100 \cdot 0{,}4 \cdot 0{,}6} = \sqrt{24} > 3$

Die Binomialverteilung wird „gut" durch die Normalverteilung angenähert.

(1) $\begin{aligned}[t] P(X < 35) &= P(X \leq 34) \\ &\approx \Phi\left(\frac{34 - 40 + 0{,}5}{\sqrt{24}}\right) - \Phi\left(\frac{0 - 40 - 0{,}5}{\sqrt{24}}\right) \\ &\approx \Phi(-1{,}12) - \Phi(-8{,}27) \\ &= 0{,}1314 - 0 = 0{,}1314 \end{aligned}$

(2) $\begin{aligned}[t] P(X \geq 42) &= 1 - P(X \leq 41) \\ &\approx 1 - \left[\Phi\left(\frac{41 - 40 + 0{,}5}{\sqrt{24}}\right) - \Phi\left(\frac{0 - 40 - 0{,}5}{\sqrt{24}}\right)\right] \\ &\approx 1 - [\Phi(0{,}31) - \Phi(-8{,}27)] \\ &= 1 - 0{,}6217 = 0{,}3783 \end{aligned}$

(3) $\begin{aligned}[t] P(36 \leq X \leq 43) &= \Phi\left(\frac{43 - 40 + 0{,}5}{\sqrt{24}}\right) - \Phi\left(\frac{36 - 40 - 0{,}5}{\sqrt{24}}\right) \\ &\approx \Phi(0{,}71) - \Phi(-0{,}92) \\ &= 0{,}7611 - 0{,}1788 = 0{,}5823 \end{aligned}$

Normalverteilung

Die Zufallsgröße X mit Erwartungswert μ, Standardabweichung σ und
der Verteilungsfunktion

$$\Phi_{\mu, \sigma} \colon x \to \Phi\left[\frac{x - \mu}{\sigma}\right]$$

heißt normalverteilt nach $N(\mu; \sigma)$.

 Eine Maschine produziert Bleche mit einer Dicke von durchschnittlich
0,8 mm. Die Standardabweichung beträgt 0,02 mm.
Berechnen Sie den Prozentsatz der Bleche, die dicker als 0,75 mm
sind.

$E(X) = \mu = 0{,}8; \ \sigma(X) = \sigma = 0{,}02$

$P(X > 0{,}75) = 1 - P(X \leq 0{,}75) \approx 1 - \Phi\left(\frac{0{,}75 - 0{,}80}{0{,}02}\right)$

$\qquad = 1 - \Phi(-2{,}5) \approx 1 - 0{,}0062 = 0{,}9938$

99,4 % der Bleche sind dicker als 0,75 mm.

5 Testen von Hypothesen

Bei einem Hypothesentest stellt man eine Vermutung (**Nullhypo-these H_0**) über eine Wahrscheinlichkeit auf und testet diese anhand einer Stichprobe. Aufgrund des Ergebnisses des Tests wird entschieden, ob die Vermutung angenommen oder abgelehnt wird.

Dabei können zwei Fehlentscheidungen getroffen werden:
Fehler 1. Art: H_0 wird irrtümlich abgelehnt.
Fehler 2. Art: H_0 wird irrtümlich angenommen bzw. nicht abgelehnt.

Es ist wünschenswert, dass die Wahrscheinlichkeit für einen Fehler 1. Art möglichst klein ist. Deshalb wird diese Irrtumswahrscheinlichkeit durch das **Signifikanzniveau α** beschränkt.

Man unterscheidet **links- und rechtsseitige Signifikanztests**, je nachdem, ob die Vermutung H_0: $p \geq p_0$ oder H_0: $p \leq p_0$ lautet.

Beim **zweiseitigen Signifikanztest** lautet die Vermutung H_0: $p = p_0$.

Vorgehensweise, um Entscheidungsregel festzulegen

Schritt 1: Zufallsgröße und Nullhypothese festlegen
Schritt 2: Überlegen, wo sich der Ablehnungsbereich von H_0 befindet
Schritt 3: Kritischen Wert berechnen und Entscheidungsregel angeben

Linksseitiger Signifikanztest: H_0: $p \geq p_0$
Ablehnungsbereich $\overline{A} = [0; k]$
Annahmebereich $A = [k + 1; n]$
Mit n (Stichprobenlänge) und α (Signifikanzniveau) wird k aus folgender Bedingung ermittelt:
$$P_{p_0}^n (X \leq k) \leq \alpha$$

Rechtsseitiger Signifikanztest: H_0: $p \leq p_0$
Ablehnungsbereich $\overline{A} = [k + 1; n]$
Annahmebereich $A = [0; k]$
Mit n (Stichprobenlänge) und α (Signifikanzniveau) wird k aus folgender Bedingung ermittelt:
$$P_{p_0}^n (X \geq k+1) \leq \alpha \iff 1 - P_{p_0}^n (X \leq k) \leq \alpha \iff P_{p_0}^n (X \leq k) \geq 1 - \alpha$$

Zweiseitiger Signifikanztest: H_0: $p = p_0$

Ablehnungsbereich $\overline{A} = [0; a] \cup [b; n]$

Annahmebereich $A = [a + 1; b - 1]$

Mit n (Stichprobenlänge) und α (Signifikanzniveau) werden a und b aus den folgenden Bedingungen ermittelt:

$P_{p_0}^n(X \leq a) \leq \frac{\alpha}{2}$ und

$P_{p_0}^n(X \geq b) \leq \frac{\alpha}{2} \quad \Leftrightarrow \quad 1 - P_{p_0}^n(X \leq b-1) \leq \frac{\alpha}{2}$

$\Leftrightarrow \quad P_{p_0}^n(X \leq b-1) \geq 1 - \frac{\alpha}{2}$

Der Hersteller eines Beruhigungsmittels behauptet, dass sein Mittel in mindestens 90 % der Fälle erfolgreich wirkt. Dazu werden 100 Benutzer des Mittels befragt. Die Nullhypothese „in mindestens 90 % der Fälle wirkt das Mittel" wird auf dem Signifikanzniveau $\alpha = 5$ % getestet. Bestimmen Sie die zugehörige Entscheidungsregel.

Schritt 1: Zufallsgröße und Nullhypothese

X: Anzahl der Benutzer, bei denen das Mittel wirkt; B(100, p)-verteilt

H_0: $p \geq 0{,}9$ (in mindestens 90 % der Fälle) $\alpha = 0{,}05$

Schritt 2: Ablehnungsbereich von H_0

Ablehnungsbereich $\overline{A} = [0; k]$

Schritt 3: Berechnen von k

$P_{0,9}^{100}(X \leq k) \leq 0{,}05 \quad \Rightarrow \quad k = 84$ (Tafelwerk: kumulierte Tabelle)

$\Rightarrow$ Ablehnungsbereich: {0; …; 84}   Annahmebereich: {85; …; 100}

Entscheidungsregel: Geben höchstens 84 Benutzer bei der Befragung an, dass das Mittel bei ihnen wirkt, wird die Nullhypothese abgelehnt.

Berechnung von Fehler 1. und 2. Art

Der **Fehler 1. Art** tritt ein, wenn H_0 abgelehnt wird, obwohl H_0 richtig ist. Es ist also die Wahrscheinlichkeit zu berechnen, dass das Ergebnis im Ablehnungsbereich liegt. Als zugrunde liegende Wahrscheinlichkeit muss p_0 verwendet werden.

$P_{p_0}^n(X \in \overline{A})$

Der **Fehler 2. Art** tritt ein, wenn H_0 angenommen wird, obwohl H_0 falsch ist. Es ist also die Wahrscheinlichkeit zu berechnen, dass das Ergebnis im Annahmebereich liegt. Als zugrunde liegende Wahrscheinlichkeit muss eine konkrete Wahrscheinlichkeit p* gegeben sein, die die Gegenhypothese erfüllt.

$P_{p*}^{n}(X \in A)$

Bemerkung: Der Fehler 2. Art ist von der Wahrscheinlichkeit p* abhängig und seine Werte können durch eine Funktion f(p*) dargestellt werden. Man spricht hier von der **Operationscharakteristik**.

 Betrachten Sie noch einmal das obige Beispiel zur Überprüfung der Aussage des Beruhigungsmittelherstellers. Bestimmen Sie für die gefundene Entscheidungsregel die Fehler 1. und 2. Art. Nehmen Sie für den Fehler 2. Art an, dass das Mittel tatsächlich in 80 % der Fälle wirkt.

Fehler 1. Art:

$P_{0,9}^{100}(X \leq 84) \approx 0,0399 = 3,99\,\%$

(Tafelwerk: kumulierte Tabelle)

Fehler 2. Art:

$P_{0,8}^{100}(X \geq 85) = 1 - P_{0,8}^{100}(X \leq 84) \approx 1 - 0,8715 = 0,1285 = 12,85\,\%$

(Tafelwerk: kumulierte Tabelle)

Hypothesentest mittels Normalverteilung (nur LK)

Wenn die Wahrscheinlichkeit p_0 oder die Stichprobenlänge n nicht im Tafelwerk aufgelistet ist, bietet es sich an, die für den Hypothesentest benötigten Wahrscheinlichkeiten mithilfe der Näherung über die Normalverteilung zu berechnen. Voraussetzung hierfür ist, dass die Laplace-Bedingung $\sigma = \sqrt{n \cdot p \cdot (1-p)} > 3$ (siehe Seite 73) erfüllt ist.

Stichwortverzeichnis

Im Folgenden finden Sie die Stichworte, die sowohl für den **Grundkurs** als auch für den **Leistungskurs** prüfungsrelevant sind.

Analysis

Geometrie

Stochastik

Diese Stichworte sind **nur für den Leistungskurs** prüfungsrelevant:

Analysis

Geometrie

Stochastik